フ　プロのダウンブロー最新理論

森　守洋

青春新書
PLAYBOOKS

はじめに　ダウンブローが〝一段上のゴルフ〟を実現する

「ダウンブロー」という言葉は、ゴルフをする人であれば誰もが聞いたことがあると思われますが、残念なことに、「ダウンブローとは何か？」という問いに明確に答えられる方はほとんどいません。

ゴルファーの多くは、「クラブヘッドをスティープ（急or鋭角）な軌道で下ろしてボールをヒットする」ことをダウンブローだと思っているようです。

練習量の少ない方がスティープな軌道でクラブを下ろそうと意識すると、まず間違いなくクラブヘッドを叩き付けるようにします。すると、アウトサイド・イン軌道のカット打ちになり、フェースも開き、その結果ボールがつかまらず、スライスを連発することになります（ショートアイアンやウェッジではヒッカケを多発するでしょう）。

また、インパクト時のロフトが極端に立つため、番手本来の高さもえられません。

要するに「ダウンブロー＝スティープな軌道でヒットする」というイメージのある人は、飛距離が出ず方向性も定まらないわけです。

本当のダウンブローは、決して叩きつけるような軌道ではなく、スイープ（緩やか）な軌道です。するとクラブヘッドはインサイドから下りて来るため、ボールをしっかりつかまえることができ、飛距離が伸びます。

またフェースローテーションが起こるため、スイープ軌道でも最下点の手前でボールをヒットできます。さらに、インパクト時のロフト角がほぼ番手通りになり、番手本来の高さとスピン量を得ることもできます。そして、ボールに対して上下のインパクトエリアがとても広くなるため、よい意味でアバウトに打ってもミスになりにくいといえます。つまり、**ダウンブローはやさしい打ち方**なのです。

このことから、正しいダウンブローを身につけると、飛距離アップもボールコントロールもやさしくラクに行えるというわけです。そのうえ、さまざまな傾斜やライに対応できる、アプローチショットのバリエーションが増えるなど、ゴルフの腕前をワンランクアップすることが可能となるのです。

本書では、このようなダウンブローのメリットを多くのゴルファーのみなさんが享受できるよう、やさしく解説しています。また、体の回転を主体にして打つといわれるボディターンの弊害や誤解についても紹介しています。ぜひ「本当のダウンブロー」を身につけて、ゴルフの楽しさをさらに感じてください。

ゴルフ　プロのダウンブロー最新理論　**目次**

第2章 非力な人でも高弾道・強スピン 本当のダウンブロースイングとは

第3章

プロのダウンブローを7ステップで徹底解剖

第4章　完全マスター！　ダウンブローを身体に記憶させる11のドリル

編集　宮川タケヤ
写真・クラブイラスト　富士渓和春
イメージイラスト　庄司 猛
取材協力　都ＧＣ（山梨県）、東京ゴルフスタジオ

第1章

あなたの上達を妨げているのは「ボディターン」の意識だった！

これだけあるダウンブローのメリット

「ダウンブロー」という言葉を聞くと、わたしの師匠である陳清波プロを思い浮かべる人も多いかもしれません。

1931年生まれの陳清波プロは今年で80歳。1951年にプロ入りし、1959年の日本オープンで初優勝しました。その後、レギュラーツアーでも通算12勝をマークしています。

1963年からは6年連続でマスターズ・トーナメントに出場。全英オープン2回、ワールドカップ11回出場と海外でも数々の戦歴を残しています。

これほどの成果と戦歴を支えたのが、本書のテーマである「ダウンブロー」です。

一方、十年以上前から、日本のゴルフメディアでは「ボディターン」という言葉がさかんに使われるようになりました。それに伴って「レベルブロー」という言葉も生まれ、これが現代ゴルフの理想と考えられるようになりました。そのせいか、ダウンブローはひと昔前の打ち方だと捉えている人が多いと思います。

ところが、レベルブローでボールを打つプロゴルファーは基本的に一人もいません。必ず、最下点の手前でヘッドとボールがコンタクトするダウンブローで打っています。

ゴルフ雑誌の記事などで、「僕はレベルブローにスイングしている」とか、「レベルに振ることを意識している」といったシード選手のコメントをよく見かけます。しかし、そんな彼らも実際にボールを打つと必ず最下点の手前でヘッドとボールがコンタクトし、それゆえターフがとれて宙へ舞っています。要するに、ダウンブローで打っているわけです。

プロゴルファーの「レベルブローにスイングしている」という言葉は、本人にとっての「イメージ」でしかなく、**ダウンブローでなければゴルフというゲームは成り立たない**のです。

なぜなら、ゴルフコースにはさまざまな傾斜があります。仮に左足下がりのライから打つ場合、レベルブローではボールの手前にヘッドがぶつかって大ダフりになってしまいます。逆に左足上がりでは、ヘッドがボールの先にある地面にぶつかって抜けていきません。このようなライからでもきちんとインパクトして飛距離と方向性を確保するには、最下点の手前でヒットするダウンブローでなければ不可能なのです。

ダウンブローは、ヘッドを上から叩き付けるようにインパクトする打ち方ではありません。このような打ち方ではアウトサイド・イン軌道になるため、カット打ちになってボールがつかまらないのです。

また、この軌道でフェースが閉じて下りてくると、ヒッカケになってしまいます（これ以外にもスティープ（急）な軌道が原因のミスショットは多くありますが、それは後半で順を追って解説していきます）。

本当のダウンブローのスイング軌道はスイープ（緩やか）だと説明しましたが、ホウキで掃くような振り子軌道のスイープではありません。

「緩やかながらも、上からボールをとらえる軌道」という、言葉にすると何とも難解な軌道です。そしてこの軌道と、この軌道によってもたらされるダウンブローのインパクトを可能にするのが「フェースの開閉」です。フェースが開閉することによって、前記した「緩やかながらも、上からボールをとらえる」理想の軌道をたどることが可能になるのです。

その結果、**長いインパクトゾーンを作ることができる**ので、飛距離アップ、方向性アップ、スピン量が増してピタッと止まる……など、多くのアマチュアゴルファーが夢見る美しいショット、美しい弾道が手に入るのです。

前記したように、日本におけるゴルフスイングは十数年前からボディターンが主流です。ボディターンで打つことももちろん大切であり、必要なことだといえますが、多くのアマチュアゴルファーは本当のボディターンを知らない、もしくはボディターンの概念を勘違いしています。

そのせいで、ゴルフ歴は長いのにいつまでたってもスライスしか打てない、ダフリやトップが直らない、アプローチのザックリが止まらない、という人が多いのです。

そこでまずは、現在の主流であるボディターンの問題点について話を進めていきたいと思います。

なぜ日本ではボディターンが浸透したのか

十五年以上前、あるスイング理論書が日本で発売されました。その理論書はまたたくまにアマチュアゴルファーの間で話題となり、誰もがその理論書に書かれていたことを実践しようとしました。

その理由は、その理論書の著者であるティーチング・プロが、当時の世界ランキング・ナンバー1プレーヤーを指導していたからです。

「世界ナンバー1プレーヤーを指導しているティーチング・プロのスイング理論書」。この言葉に多くのゴルファーは惹きつけられました。

そして、そのティーチング・プロの実績が裏づけとなり、人々はその理論書に書かれていた『ボディターン』打法を身につけようと必死になったのです。

レッスンプロやティーチングプロ、そしてツアープロ・コーチのなかにも、ボディターン打法を推奨する人が数多く現れました。

また、ゴルフ雑誌の記事にもボディターンという言葉が頻繁に使われるようになり、そ

ボディターン打法でよく言われるのは、「交差させた両手を胸に当て、体を回す」というイメージ

れを身につけるためのレッスンはどのゴルフ雑誌でも目玉企画になったのです。

当然、ボディターンをうたい文句にした書籍も数多く発売され、「ゴルフスイング＝ボディターン」という図式がいつの間にか定着していきました。


ところが、実はこの理論書の原書に、「Body Turn」という言葉は載っていません。また、わたしはアメリカのサンディエゴで約4年ほどゴルフ漬けの毎日を送っていましたが、当時「Body Turn」というゴルフ用語を耳にした憶えはありません。

欧米で「Turn」といえば「Hip Turn」や「Shoulder Turn」であり、「Body Turn」という用語（言葉）は一般的に使われていなかったのです。

それどころか、欧米では「腕を振ることがもっとも大切だ」と教えています。

つまり翻訳された日本語版では、原書が本来伝えたかったことを、若干ニュアンスを変える形で伝えています（とはいえ、ボディターンをイメージするのにピッタリなイラストが多く使用されていたため、致し方ない部分もあります。前ページ写真参照）。

ただ、ボディターンという言葉は非常に便利で、それまで文字では伝えにくかったゴルフスイングにおける体の動きやニュアンスを表現するのには、まさにうってつけでした。

そのためゴルフ雑誌をはじめ、さまざまなゴルフメディアで使用され、「ゴルフスイングは腕や手を振ってボールを打つのではなく、体の回転で打つのが理想なのだ」という一つの概念がゴルファーに浸透したのです。

ボディターンでは万年スライサーから脱却できない

その理論書の日本語版や多くのゴルフ雑誌には、「ボディターン打法を簡単にいうとバックスイングでは体を右へ回し、切り返し以降は体を左へ回し、その回転運動を主体にしてボールを打つ」といったことが書いてあります。

また、みなさんも耳にしたことがあるかもしれませんが、「スイング中は両肩と両腕、そしてグリップで作られる三角形を崩さず打つのが理想」といったことも書いてあります。

これらの説明からもわかるように、ボディターン打法は極力腕を振るな、手を使うなと言っているわけです。

大半のアマチュアの方は、大人になってからゴルフを始めます。

そして、大人はまず情報を収集し、次にその情報を咀嚼して考え、自分なりの理解、結論、回答を導きだし、それにそってボディターンスイング習得に挑みます。

自分なりのと言いましたが、ボディターン打法に関する情報は前述した「体を回して回転運動で打つ」と「三角形を崩さずに打つ」にほぼ集約されるため、結局アマチュアの方は、みんな似たようなボディターンスイングにならざるをえません。

するとどうなるでしょうか。現在でもアマチュアゴルファーの代名詞といえるスライサーへの道を歩み、スライスとヒッカケに悩むことになるのです。

では、どうしてボディターンだとスライスしか打てなくなるのでしょうか。その理由は、「体を回して回転運動で打つ」「三角形を崩さずに打つ」イメージでスイングすると、次のような現象が起こりやすくなるからです。

1・体をスムーズに回すのではなく、柔道の一本背負いのような体の回し方になる

2・切り返した途端に体が開くため、右肩が突っ込んでアウトサイド・インになる

「両肩とグリップで作られる三角形を崩さず、体の回転でスイングする」。これもボディターン打法でよく言われる

ボディターンの意識があると柔道の一本背負い的な動きになり、右肩が突っ込んだカット軌道になる

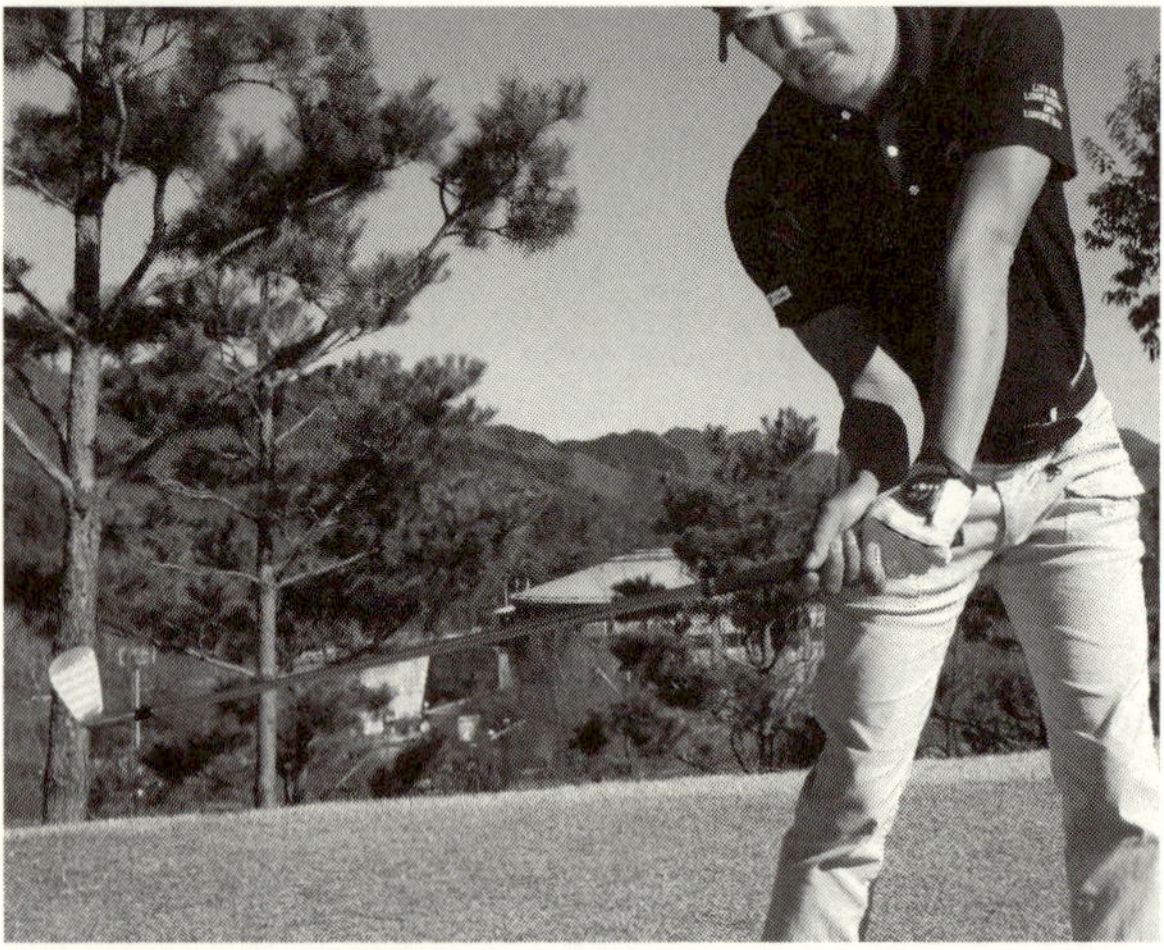

右肩が突っ込むのは体が開いてしまうから。これでは振り遅れてフェースが開きっぱなしになる

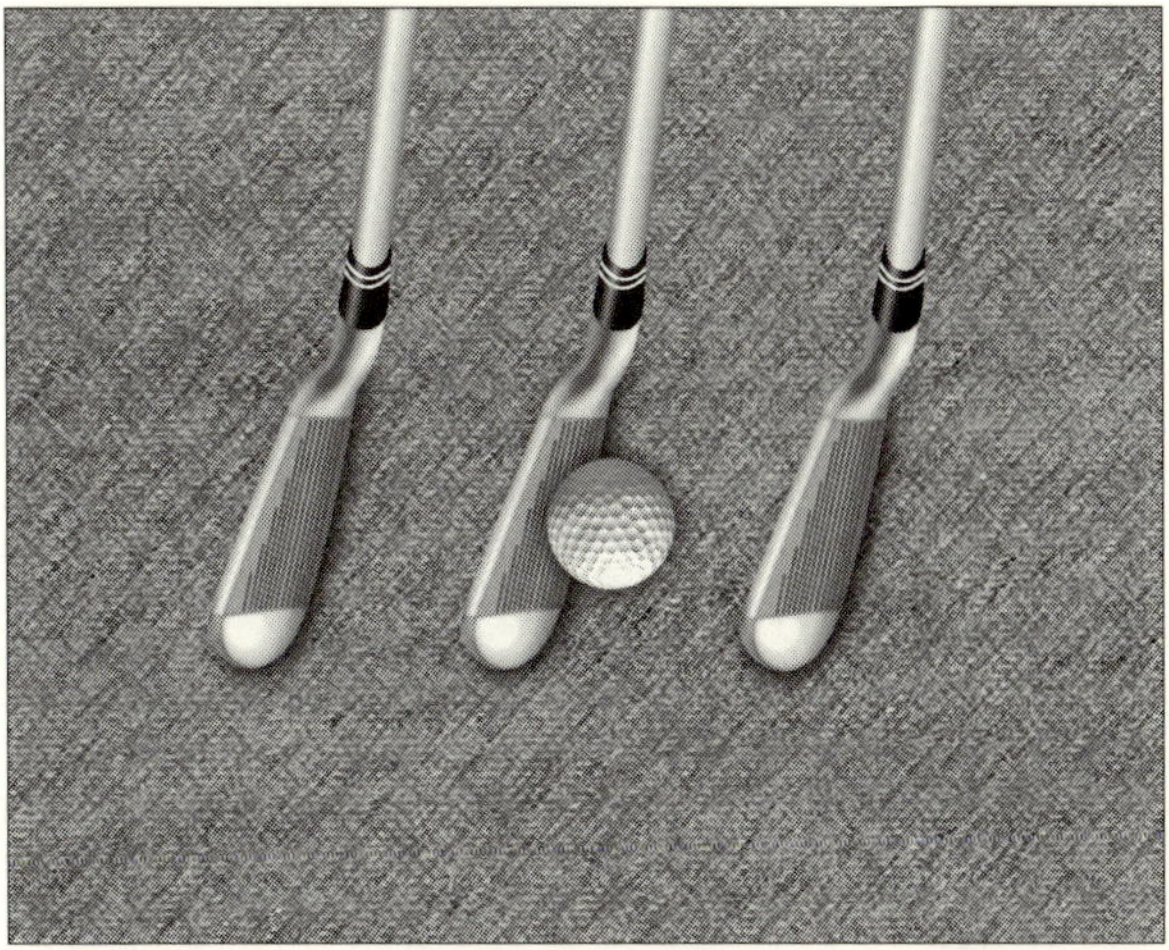

一本背負い的な動きになって振り遅れると、フェースの開いたインパクトになる。また、フォローでフェースが閉じない

3・腕を使わないことで振り遅れてしまう
4・フェースローテーションがほとんど発生しないため、ボールがつかまらない

ボディターン信者にスライサーが多いのは、こういうわけなのです。

プロゴルファーの〝ボディターン〟はイメージにすぎない

前項で、アマチュアの方がボディターンの感覚をもつとスライサーになってしまう原因を三つほど紹介しましたが、ここではもう少し掘り下げて、ボディターンのデメリットをさらに紹介していきます。

一般的に、ボディターンは腕や手を極力使わず体の回転を主体に打つものだといわれています。シード権を持つトッププレーヤーのなかにも「僕は体を回しているだけ」とコメントする人が少なくありません。

このような一般論やトッププロのコメントを見聞きしたアマチュアの方が、「ゴルフスイング＝ボディターン」と思うのは至極当然のこと。しかし、ここに落とし穴があるのです。

そのキーワードが「同調」。ゴルフ雑誌をはじめとしたメディアではこの言葉がよく出てきますが、体の回転と腕の振りをリンクさせる、すなわち「合わせる」という意味で使われています。

合わせるには、アドレス時に作られた肩、腕、グリップによる三角形を崩さずに振ること、つまり腕や手を使わないことが重要です。使わなければ三角形は崩れず、その結果手打ちにもなりません。腕や手を使わないのがボディターン主体のスイングの証拠、というように語られているのです。

この理論はある意味至極もっともで、どこにも間違いはありません。しかし、アマチュアの方にとっては誤解を招く表現でもあります。

プロゴルファーやトップアマは、一般のアマチュアの方とは比較にならないほどボールを打ってきた人間です。それこそ何万球もボールを打ち、体でスイングを覚えてきたという人種なのです。

そんな人たちは、腕や手を使ってクラブを振ることの大切さや、腕や手を使ってスイングしなければまともなショットにならないことを、ボールを打ってきた過程で自然に体得しています。

何も考えずに自然にスイングすると、腕や手が自由自在に動いてクラブをさばけてしまう。このような言い方のほうがわかりやすいかもしれません。

そして、腕や手が自由自在に動きすぎるとどんなミスが出るかをも知っているため、実際には使っていても、「腕や手は使わずに体の回転だけで打つ」、「同調を意識しているだけ」などと言うことになるのです。

要するに、「腕や手が動きすぎるので、使わないイメージでスイングするくらいがちょうどいい」ということです。

ところが、アマチュアの方はプロのこういったコメントを読み、本当に腕や手を使わずに体の回転だけで打とうとしたり、同調させることばかりを考えてスイングしてしまうのです。

体をまったく動かさずにスイングしてみたら…

体の回転や同調だけを意識してスイングすると、バックスイングでは体全体がほぼ同時に右を向き、ダウンスイングでは体全体がほぼ同時に左を向いてしまいます。

簡単にいうと、「右向け右」的な動きのバックスイング、「左向け左」的な動きのダウンスイングになってしまうわけです。

こうなると、クラブヘッドはシャフトプレーンの下を通る以外に道がありません。つまり、理想のオンプレーン軌道から大きく逸脱してしまうわけです。

そして、この軌道ではクラブがトップに収まらないため、自然と腕や手を使ってクラブを持ち上げる動きが発生します。すると、右脇が大きく開いてシャフトがターゲットラインの右を指すクロスのトップになってしまいます（次ページの写真参照）。

左向け左的なダウンスイングになると、切り返した途端に腰も肩も同時に開いてしまい

両手を胸の前で交差させて体を回すイメージでテークバックすると、ヘッドはアドレス時のシャフトプレーンの下を通る。このままではトップにクラブが収まらないため手で担ぎ上げる動きが発生し、クロスしたトップになる

両手を胸の前で交差させて体を回すイメージでダウンスイングをすると、一本背負いのように上半身と下半身が同時に回って肩と腰が開いて振り遅れる。またクラブも寝てしまい、横振りのスイングになりやすい

ます。こうなると右肩が前に出るためクラブの軌道はアウトサイド・インにしかならず、**ボールがつかまらないどころかコスリ球ばかり**になってしまいます（29ページの写真参照）。

体の回転や同調を完全に無視して、アドレスから体をまったく動かさず腕だけでバックスイングし、クラブがトップに収まったら、そのときのご自分の姿を鏡で見てください。

きっとそこには、あなたが思い描く理想のボディターンのトップがあらわれるでしょう。フォローサイドも同じようにしてみると、やはりそこにはボディターンのフォローとフィニッシュが映し出されるはずです。つまり、前項でもお話ししたように、ボディターンはあくまでもイメージであり、結果でしかないのです。

アマチュアの95％は振り遅れている

クロスしたトップになる。アウトサイド・イン軌道になる。

ボディターンのデメリットがこの程度であれば、特に問題はありません。プロでもクロストップのプレーヤーや、アウトサイド・イン軌道でフェードボールを打っているプレーヤーがたくさんいるからです。

では、なぜこれほどまで体を回すことや同調を意識することをアマチュアの方にオススメしないのかといえば、なんといっても「振り遅れる」からです。振り遅れる主な理由は、ゴルフクラブはヘッドのついている先端が重いうえ、重心の位置がグリップの延長線上にないから。こうした理由から、ある意味、普通に振ると振り遅れるようにできているのです。

日頃、わたしは大勢のアマチュアの方のレッスンをしています。また複数の女子シード選手も指導しており、そして自分自身もツアー・プレーヤーとしてトーナメントにチャレンジしています。

アマチュア、女子プロ、男子プロというすべてのカテゴリーのゴルファーに接しているわたしが常々感じるのは、**「振り遅れ」がすべてのミスショットの主要因である**と言って差し支えないということです。

女子プロも男子プロも、ショットが曲がるなどして調子を崩しているときは、必ずスイ

体を回すことや三角形を崩さないことばかり気にすると、体は目標を向くがヘッドは下りてこない。さらにフェースも開いてしまう

ングに振り遅れの兆候があらわれています。

アマチュアの方に至っては、調子の善し悪しに関係なく、95パーセント以上の方が振り遅れのスイングといっても過言ではありません。

振り遅れると、基本的にボールは右へ飛びます（ゴルフ歴が長い年配のシングルゴルファーの方のなかには、振り遅れを瞬時に察知し、手首などを使って寝たシャフトのフェースを閉じ、ヒッカケを打つ人も大勢います）。

プッシュ・アウト系の弾道になることもあれば、スライス系の弾道になることもあります。どちらも、フェースが開いた状態でインパクトをしているために起こります。

プロに指導する場合は「ちょっと振り遅れ気味だよ」と言えばすぐに理解して、本来のスイングに戻してきます。とりたてて、「振り遅れてるから○○を△△して」などと具体的なことを言う必要はほとんどありません。

連戦や移動による疲労などで体のキレがなくなり、それが振り遅れを招いていることをプロは瞬時に理解するため、ひと言いうだけで腕をしなやかに振るジャストインパクトのスイングをはじめるのです。

ところがアマチュアの方の場合、こう簡単にはいきません。体を回す、三角形を崩さない、同調させるというボディターンの動きが体に染みついていると、腕を積極的に使ってスイングするという概念がないため、なかなか振り遅れを矯正することができないのです。

このことから、ボディターンは振り遅れを招くスイングであり、それゆえ**アマチュアで持ち球がドローボールという人は少ない**のです。

“バラバラの動き”がダウンブローへの近道

ではボディターンがなぜ振り遅れを招くのか、その理由を説明しましょう。

前述したように、ボディターン理論では腕を振る意識を捨ててバックスイングでは右へ、ダウンスイングでは左へ体を回せと教えます。

この教えを忠実に守ってダウンスイングを開始すると、クラブがインパクトポジションに戻って来たとき、腰と胸はほぼ目標方向を向いていることになります。

次ページのイラストを見てください。わかりやすいように時計の文字盤が足下に置いて

ボディターンの意識があると胸も腰も開いて振り遅れる。そして振り遅れを防ぐために、小手先でアジャストすることになる

あると仮定してみましょう。腰も胸もほぼ3時を向いていますね。

タイガー・ウッズなどのトッププレーヤーは、インパクトで腰は5時かせいぜい5時半。胸は6時から7時くらいです。世界の頂点にいるタイガー・ウッズとの比較では無茶があると感じるかもしれませんが、要するにプロゴルファーは体を開かずにインパクトを迎えているのです。

そして腰が5時から5時半、胸が6時から7時を向いたときインパクトを迎えるには、腕でクラブを振る、もしくは腕でクラブを下ろす意識がなければ絶対にできません。

ということは、口では「体を回しているだけ」と言いながらも、プロはしっかりと腕を振ってスイングしているのです。だからこそ、振り遅れないで打てているのです。

また、「腕をしっかり振った後で体を回転させていく」という意識なので、体が開くことなく体の正面でインパクトを迎えられます。

ボディターンを意識するあまり、アマチュアの方は本当に腕を振りません。すると、切り返しで体が「ひとかたまり」になって動きます。ひとかたまりの動きとは、下半身と上

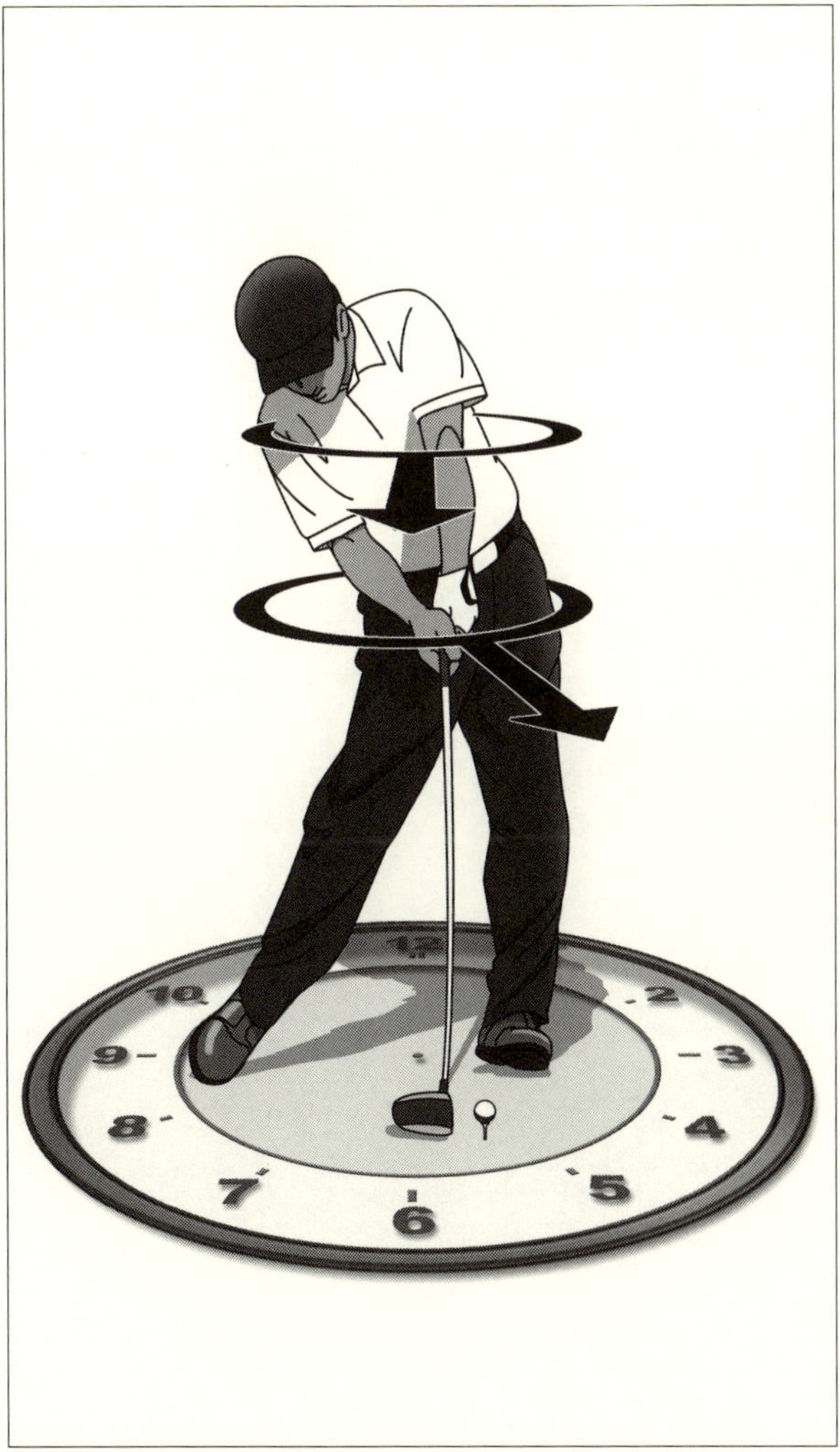

体を回さず腕を振ることで、胸と腰が開かずにインパクトできる

半身が同じタイミングでダウンスイングへ向けて動き出すことです。

こういうと、

「オレはちゃんと下半身リードでスイングしている」

という人がいるかもしれません。

しかし、仮に下半身からダウンスイングをスタートさせても、下半身の動きに上半身がつられて同時に動いてしまっては、本当の下半身リードとはいえません。結局は、ひとかたまりの動きになってしまっているからです。

正しい下半身リードとは、下半身が先行してダウンスイング方向へ動いたとき、上半身、腕、クラブはまだトップ方向へ動いています。つまり、一瞬ですが下半身と上半身が逆方向へ動くわけです（ちなみに、上半身と下半身が一瞬、逆方向へ動く動作はフォローサイドでも起こり、それがいわゆる「ヘッドと体が引っ張り合う」といわれる動きです）。

逆方向へ動くのは、ひとかたまりの動きになっていないことのあらわれです。下半身は下半身、上半身は上半身、腕は腕と、それぞれが独立してバラバラに動いているわけです。

ここでいう〝バラバラの動き〟とは、決して悪い意味ではありません。体の各関節が正

○ 腕を振ったダウンブローのダウンスイング

腕を振れば、胸が右を向いた状態でクラブを下ろすことができる

しく動いているということで、プロゴルファーはこのように関節を使うことができるため、腰は5時、胸は7時というインパクトが可能になるのです。

各関節が正しく動いているということは、ボディターンの意識がほとんどなく、ひとかたまりの動きではないということです。そして、ひとかたまりではないのに全身を使ってスイングできているということでもあるのです。

スイングはボディターンが理想だと思っているアマチュアの方は、体の各部位を独立して動かそうという意識がありません。すると、前述したように切り返したとたんに体全体がダウンスイング方向、つまり左方向へ回転をはじめます。こうなると肩と腰は開き、腕とクラブは体の回転より遅れて下りて来るため振り遅れてしまいます。そして、肩甲骨など使う必要のある関節が使えなくなってしまうのです。

また、体を左へ回す力を使って腕とクラブを引っ張り下ろす人もいます。

実は、アマチュアの方はこのタイプがもっとも多く、自分では単に体を左へ回しているつもりでも、引っ張る力が加わるため結果的に左斜め上方向に体が回ってしまい、クラブ

✕ 体を回したひとかたまりの動きのダウンスイング

体を回すと上半身と下半身が同時に回ってしまい、クラブがなかなか下りてこない

が寝て、極端に振り遅れてしまうのです（前ページの写真③参照）。

フェースが開いたインパクトになる、フェースローテーションが起こらない、ボールがつかまらない、手首をコネる……などなど、こういった悪い動きや現象は、ボディターンによる振り遅れが引き起こしているのです。

ボディターンで振っているというプロのスイングは力みがなく、軽く振っているように見えますが、全身の関節をしっかり使い切っています。しかし、ボディターンでスイングするアマチュアの方は、目いっぱい体を使おうと意識しているものの、逆に肩甲骨や股関節などが使えていないのです。

そのため、ダウンブローを身につける前に、まずは**ボディターンの弊害**をきちんと理解することが大切です。

この点をしっかり理解することができれば、柔道の一本背負いのような、体がひとかたまりになった動きを徐々に封じ込めることができるでしょう。

第2章

非力な人でも高弾道・強スピン
本当のダウンブロー
スイングとは

飛距離の出るドローボールを打つためには

第1章ではボディターンについて解説しましたが、この章では、ダウンブローを身につけるうえで欠かせない最重要ポイントを紹介します。

その前に、ボディターン理論の弊害とデメリットをおさらいしてみましょう。

・体を回転させるだけでは体が開いて振り遅れ、スライスしか打てなくなる
・体の回転を主体にしたスイングでは切り返した途端に体が開くため、クラブが遅れて下りてきて振り遅れてしまう
・振り遅れると、フェースが開いたインパクトになるためボールがつかまらない。また、シャフトが寝るのでダフりやヒッカケが出やすくなる
・フェースが開いたインパクトだと、右へのプッシュ・アウト系の弾道かコスリ球のスライス系弾道にしかならない
・〝右向け右〟的なバックスイング、〝左向け左〟的なダウンスイングになり、体の各関節

を正しく使うことができない（下半身リードのスイングにならないうえ、体の機能を使いきれない）

・ひとかたまりの動きになり、上半身と下半身が同時に動いてしまう

・左斜め後ろに体を回すことになるため、地面のボールに力が伝わらない

ここに挙げたデメリットは一部でしかありませんが、ボディターンを意識すると、最低でもこれだけの問題点を抱えたままスイングをすることになるのです。

練習量の限られたアマチュアの方が、右に挙げた７つのデメリットをボディターン打法で克服するのに、いったいどれだけの時間を要するでしょうか。おそらくボディターン打法を続けている限り、一生かかってもクリアすることはできないでしょう。

つまり飛距離の出るドローボールや、グリーン上にピタリと止まるキレのよいアイアンショットとは無縁のままゴルフ人生を終えることになるのです。

「それでは困る」「もっと上達したい」という思いがあるなら、ボディターンの意識を今すぐ捨てて、次ページから紹介する「しっかりと腕を振る」ということを学んでください。

腕をしっかり振ることを徹底して考える

ダウンブローをマスターするには、まず「しっかり腕を振ってボールを打つ」ことを覚えましょう。

腕を振ってボールを打つとき、体の回転、腕の三角形、同調などを気にする必要はまったくありません。手と腕の振りだけでしっかりインパクトすることを心がければいいのです。

道具を使ってボールを打つスポーツ、たとえば野球やテニス、卓球をするとき、まず体を回転させようなどとは考えないはずです。向かってくるボールに対してタイミングよく踏み込んだら、あとはバットやラケットを握っている腕（手）を思い切り振って、ボールをヒットしようとするでしょう。また、手首の角度をキープして打とうとか、ラケットのグリップエンドが常に体の正面を指すように振ろうといった意識もないでしょう。

テニスで手首の角度をキープしたまま打つのは、ボレーやドロップショットなど、応用といえるショットの場合のテクニックです（もちろん基本のフォアハンドストロークやバックハンドストロークでも、ムダな手首の動きは御法度でしょうが）。

これはゴルフでもまったく同じ。手首を固定して腕の三角形を崩さずに体の回転だけで打つのは、アプローチなどでボールを飛ばしたくないときや、死に球を打つ際に用いるスイング。要するに応用のスイングなのです。

分厚いインパクトで、しっかりつかまったボールを打つ。このような基本をマスターしてから、応用のスイングを覚えていけばいいでしょう。

応用であるボディターン打法をスイングの基本と勘違いして練習を積んでいってしまうと、第1章で紹介したようにスライスしか打てない体の動きになってしまいます。

また、手首を固定し三角形を維持したままのスイングでは、振り子のような軌道でしかクラブを振ることができないため、傾斜地からまともなショットを打つことができません。

たしかに、手首や腕を固定すればヘッドとボールをコンタクトさせることは容易でしょうが、それに「体の回転だけで打つ」という条件が加わると、傾斜地ではお手上げになってしまいます。

体が傾いているのに、どうやって体の回転と腕の振りを同調させるのか？　プロであるわたしが教えてほしいくらいです。

体の回転は腕を振った後の結果でしかない

手と腕を振って打つというと、

「それじゃあ、〝手打ち〟になっちゃうんじゃない？」

と思う人がいるはずですが、そう考えた人は、かなり間違ったボディターンが体に染みついているはずです。

前項でもお話したように、野球のバッターもテニスプレーヤーも腕を振ってボールを打ちます。ピッチャーに至っては、ヒーローインタビューなどで「腕を思い切り振ることだけを考えて投げました」とか、「コーチから腕を振ることだけを考えろといわれ、その通りに投げただけです」とコメントすることがよくあります。

逆に「体の回転だけを考えて投げました」とか、「腕の振りと体の回転を同調させることだけを考えろとコーチからいわれました」といったコメントは聞いたことがありません。

ということは、ピッチャーもバッターもテニスプレーヤーも、体の回転をことさら意識しているわけではないということです。それにもかかわらず、投げ終わったあと、打ち終わったあとは背中が相手や目標方向を向くような回転をした形になります。

つまり、体の回転とは結果でしかないのです。

もし本当にボディターンが理想なら、バッターもピッチャーもテニスプレーヤーも、体を回すことをもっと重要視するはずです。それをしないのは、体の回転を意識すると体が早く開きすぎて、腕もバットもラケットも振り遅れてしまうからです。

振り遅れると強い打球を打つことができませんし、スピードボールを投げることもできません。

ためしに、次の方法でボールを投げてみます。

1・左足を前に出して、上半身が目標に正対するように立ったら腕を上げて（引いて）構え、その姿勢から力一杯ボールを投げる

2・セットポジションの構えから、ふだん通りにボールを投げる

1　上半身を目標に正対させたまま投げる

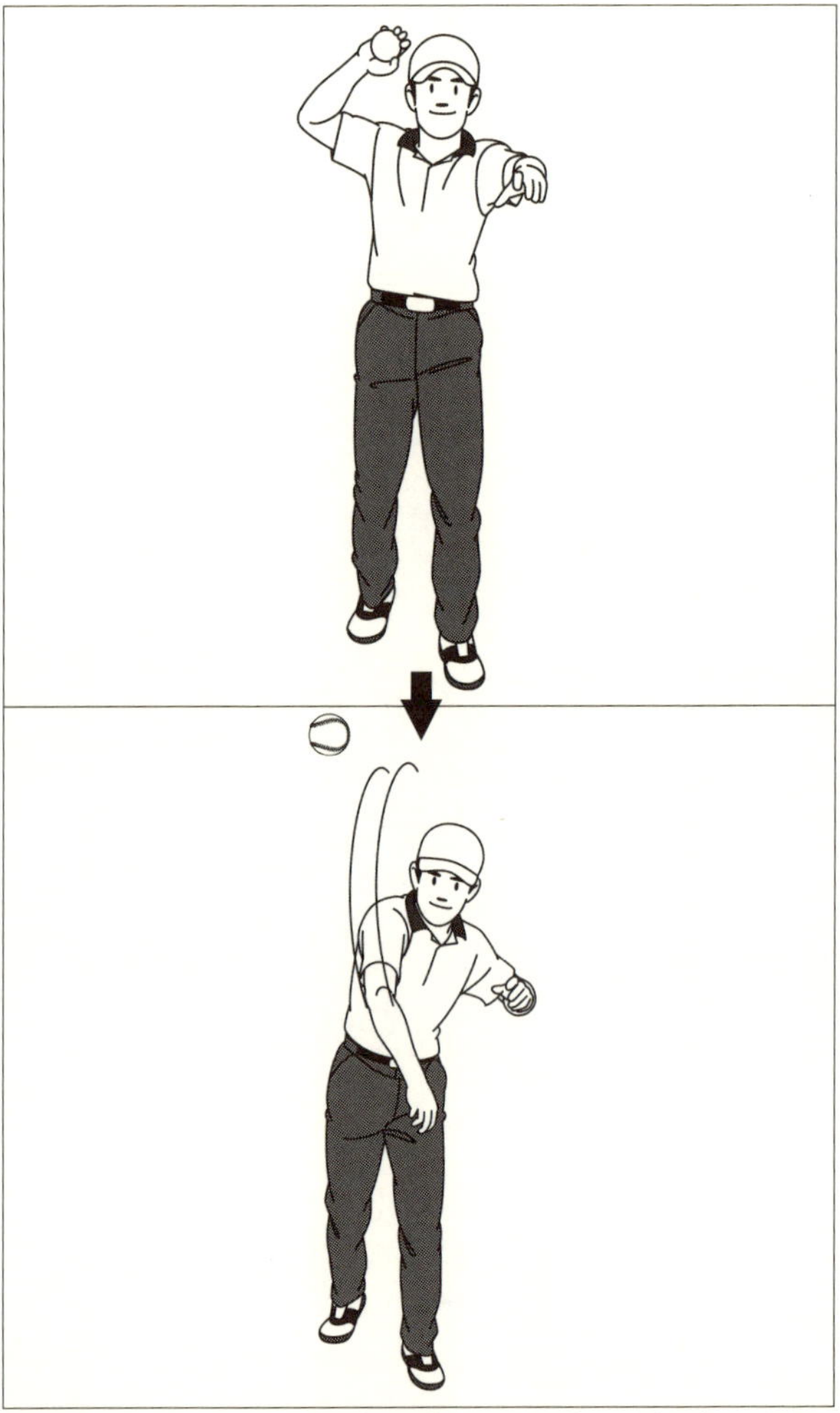

体が開いていると、力一杯投げても勢いのあるボールを投げることはできない

2　ふつうにセットポジションから投げる

勢いのあるボールを投げるには、体をできるだけ開かないことが大切。それによって、"結果的に"体は回る

1と2、狙ったところへ速いボールを投げられるのはどちらでしょうか？　おそらく、ほとんどの方が2のはずです。そして、2のセットポジションでボールを投げるとき、ゴルフスイングでいう体の回転（ボディターン）を意識したでしょうか。

間違いなく、腕を思い切り振ることだけを考えたはずです。それなのに投げ終わったあとは体が回転し、その結果、右足が前（横）に出てきます。

1は体が目標に正対している構えから投げました。正対しているというのは体が開いている、体の回転がすでに完了しているということになります。この構えからでは、いくら勢いよく腕を振っても、投げ終わった後に右足が前（横）に出てきません。要するに体が回転しないのです。

2はセットポジションから投げるわけですが、この構えから投げるほうが体の開きを抑えることができます。また腕をしっかり振ることだけを考えて投げるだけで、自然と腕の振りと体の回転が同調し、投げ終わったあと右足が前（横）に出ます。

ゴルフスイングも感覚的にはボールを投げるときと同じイメージ、体の使い方でいいのです。腕をしっかり振りさえすれば振り遅れることもなく、また、自然と体の回転と腕の振りが同調します。

したがって、ダウンブローを身につけたいのであれば、体を回さず**腕をしっかりと振れるようになることが大切**なのです。それができるようになれば、自然と腕の振りと体の回転が同調した、美しいスイングを手に入れることができるでしょう。

腕を振る＝ムチをビュッと振るイメージ

基本的に、腕をしっかり振りさえすれば自然と同調したスイングになります。しかし、同調しない間違った振り方も存在し、これがいわゆる「手打ち」です。そこで、正しい腕の振り方と手打ちになってしまう間違った腕の振り方の違いについて説明していきましょう。

次ページ右のイラストが正しい腕の振り方のイメージです。ムチやリボンをビュッと振る、もしくは釣り竿をビュッとリリースするイメージ、といえばわかりやすいでしょう。

正しい腕の振りのイメージ

しなったムチが真下（＝ボールの位置）で真っすぐ伸びるように振るのが、正しい腕の振り方

間違った腕の振りのイメージ

しなったムチが真っすぐ伸びないのは、腕を横方向に振っているから

左のイラストが間違った腕の振り方、つまり手打ちの腕の振り方です。これではムチやリボンが終始フニャフニャしたままで、物を叩くことができません。

見た目での両者の違いは、叩く物のところでムチやリボンがピンと伸びているかどうかで、ピンと伸びていれば叩く物（＝ボール）が置いてある方向（＝地面方向）へ力を放出できているといえます。

フニャフニャしたままだったり、伸びていても先端が体の右側にあるときは、ボールの置いてある方向へ力を放出できておらず、横方向へ力を放出している証拠です。

横方向へ放出する原因は、第1章でお話したひとかたまりの動き、つまり体の回転で振っているからです。もし、体を回していないのにフニャフニャしたままなら、それはグリップが横方向へ動いているからです。

体の回転と同様に、グリップが地面方向へ動かずに目標方向へ動くと、力の放出される方向は横になってしまい、結果的に振り遅れることになります（ゴルフではターゲットが体に対して横方向にあるため、体を回したり、腕やクラブを横へ振ったりしやすいのです）。

ムチが叩く物に向かってピンと伸びるように腕を振れると、「リリース」する感覚を養うことができます。そしてリリースの感覚を養ううえで重要になるのが腕の伸展、つまり**腕をしっかりと伸ばすこと**です。

リリースすることでクラブヘッドがターンするため、ボールをつかまえることができるようになります。

ボディターンの意識が強い人はリリース（＝腕の伸展）がほとんどできていないため、ムチがピンと伸びません。これではクラブヘッドがターンせず、ボールがつかまらないコスリ球ばかりになってしまいます。

なかなかボールがつかまらないと悩んでいるなら、この点を確かめてみましょう。自分のスイングが間違ったボディターンになっているかすぐに判別でき、矯正すべき点が見えてくるでしょう。

クラブが体の正面から外れない振り方

よく「体の正面からクラブが外れないように振りましょう」といわれますが、実は前項でお話した「ムチがピンと伸びるような腕の振り方」は、体の正面からクラブを外さない振り方でもあるのです。

アマチュアの方の多くは、三角形を崩さず振り子のように振ると体の正面からクラブが外れないと思っているようですが、そうではありません。

三角形を崩さず振り子のようにスイングすると、たしかにグリップエンドは終始おなかの辺りを指しているため、体の正面からクラブが外れていないように感じます。しかしこれではバックスイングでは体が右へ、ダウンスイング以降では体が左へ回転してしまい、前述した「ひとかたまりの動き」になってしまいます。

またバックスイングでは右ヒジが、フォロースルーでは左ヒジがスムーズにたためませんん。両ヒジがたためないとインパクトゾーンでアームローテーションが起こらないため、フェースローテーションも起こらずボールがつかまりません。

したがって、体の正面からクラブが外れないように振るとは、バックスイングでは右ヒジが、フォロースルーでは左ヒジが正しくたたまれ、アームローテーションとフェースローテーションも発生することをいうのです。

そしてこのように振るには、前記したムチやリボンの先端がボールのところでピンと真っすぐ伸びるよう腕を柔らかく使ってリリースし、ビュッと振ることが重要です。

腕の振り方のイメージをつかむ「連続素振り」

ムチやリボンを用意できない人は、「連続素振り」をしてみましょう。すると、バックスイングでは右ヒジが、フォロスルーでは左ヒジが自然とたためるはずです。

ヒジのたたみ方を養うためのこの連続素振りを行うとき、前傾姿勢をとる必要はありません。肩幅程度に足を開いて直立した姿勢で行えばいいのです。

注意する点は、バックスイングでもフォローでも決して胸と腰を回さず、体を正面に向けたままにすることです。また、手首をロックしたり、ヒジを突っ張らせないことも大切。手や腕の力を極力抜いて、**腕自体がムチのようにしなるイメージ**で振ってみてください。

連続素振りで腕を正しく振れると、トップでは左手が上になり、さらに左手の甲が天井を向きます。フォロースルーでは右手が上になり、さらに右手の甲が天井を向きます。

バックスイングでもフォロースルーでも、手の甲が正面を向いてしまう人は体が回転しているおそれがあります。もしくは、手首やヒジ、そして腕全体にムダな力が入っている可能性があります。腕全体の力を抜き、ブラブラするくらいのイメージで素振りをすることを忘れないようにしましょう。

バックスイングで左手の甲が、フォロースルーで右手の甲が天井を向くように素振りができると、必ずフェースローテーションが発生します。

次ページの写真のように、バックスイングでフェース面が左手の甲と同様に天井を向き、フォロースルーではバックフェースが右手の甲と同様に天井を向いていれば、正しく動いている証拠です。

目標はフックボールを打てるようになること

連続素振りをしてフェース面が天井を向いたり、バックフェースが天井を向くということは、いわゆるフェースが開閉していることを意味します。そしてボールをつかまえるに

体の正面からクラブを外さずに振るとは、三角形を崩さずに振るのではなく胸の正面でフェースが開閉するように振るということ

は、**フェースが開閉する動きのなかでインパクトを迎えること**が不可欠になります。

ここで、フェースの開閉とボールのつかまりの関係について簡単に説明しましょう。

ボールをつかまえるには、フェースの開閉が欠かせません。フェースが開閉すると、フェースはボールを包み込むように動いていきます。そしてこの包み込む動きによってインパクトゾーンが長くなるのです。

よくプロは「フェース面にボールがくっついている感じ」とか、「フェース面にボールが乗っている感じ」などと言います。こういった感覚は、フェースを開閉させながらインパクトをしているからこそ感じられるのです。

アマチュアの方の多くは、インパクトでフェース面をボールに対して直角に当てる意識を強く持っています。そして、**直角に当てることをスクエアインパクトだと思っている**節があります。

しかし直角に当てる意識があると、絶対といえるほどフェースは開閉しません。それどころか、ひとかたまりの動きであるボディターンになりやすく、それゆえ上半身から切り返しがはじまって右肩が突っ込み、カット軌道のスライスばかりになります。もしくは、

両肩とグリップで作られる三角形を崩さずに振ろうとすると、ヒジをたたむことができない。そのため右向け右的なバックスイング、左向け左的なダウンスイングになる

フェースが閉じて下りて来ることが多いため、カット軌道と相まってヒッカケも頻繁に出てしまいます。オープンフェースのインパクトもシャットフェースのインパクトも、クラブの特性を活かせない使い方です。

これ以外にも、次のようなことが起こります。

・フェースが立って下りてきてインパクトロフトが減るため、球が上がらない
・鋭角にヘッドが下りてきて（＝カット軌道）、リーディングエッジが最初に接触するのが〝地面〟になるため、ザックリ系の大ダフリになりやすい

プロのスクエアインパクトはあくまでも「開閉のなかにある一瞬のスクエア」です。一瞬といっても、それは〝人間の感覚において〟という意味。フェースの開閉でボールを包み込む動きが発生すると、ボールとヘッドの関係からみて、非常に長いスクエア状態になるのです。

フェース面がスクエアなままインパクトを迎えることが本当のスクエアインパクトでは

正しく腕を振ることができると、バックスイングでは右ヒジがたたまれて左手の甲が上を向き、ダウンスイングでは左ヒジがたたまれて右手の甲が上を向く

ないというのは、こういうことなのです。すると、

「では、長いスクエアインパクトを作る方法を教えてほしい」

と質問されることがよくあります。そこで重要になるのが、先ほどからお話している腕の振りです。

腕がしなるようなイメージでスイングを続ければ、フェースが開閉する感覚が磨かれます。

また、しなるイメージで練習を重ねていくと、フェースが開閉してボールを包み込むスクエアインパクトのフィーリングが徐々につかめます。一朝一夕にできるものではありませんが、根気よく続けてください。

フィーリングや根気などというと不親切だと言われかねないので、最重要ポイントをご紹介しましょう。

それは、「フックボールを打てるようになる」ことです。

基本的に、**ゴルフはフックから覚えたほうが絶対に上手くなります**。逆にスライスから覚えると上達するのにとても時間がかかります。要するに、ボールをつかまえるのはそう

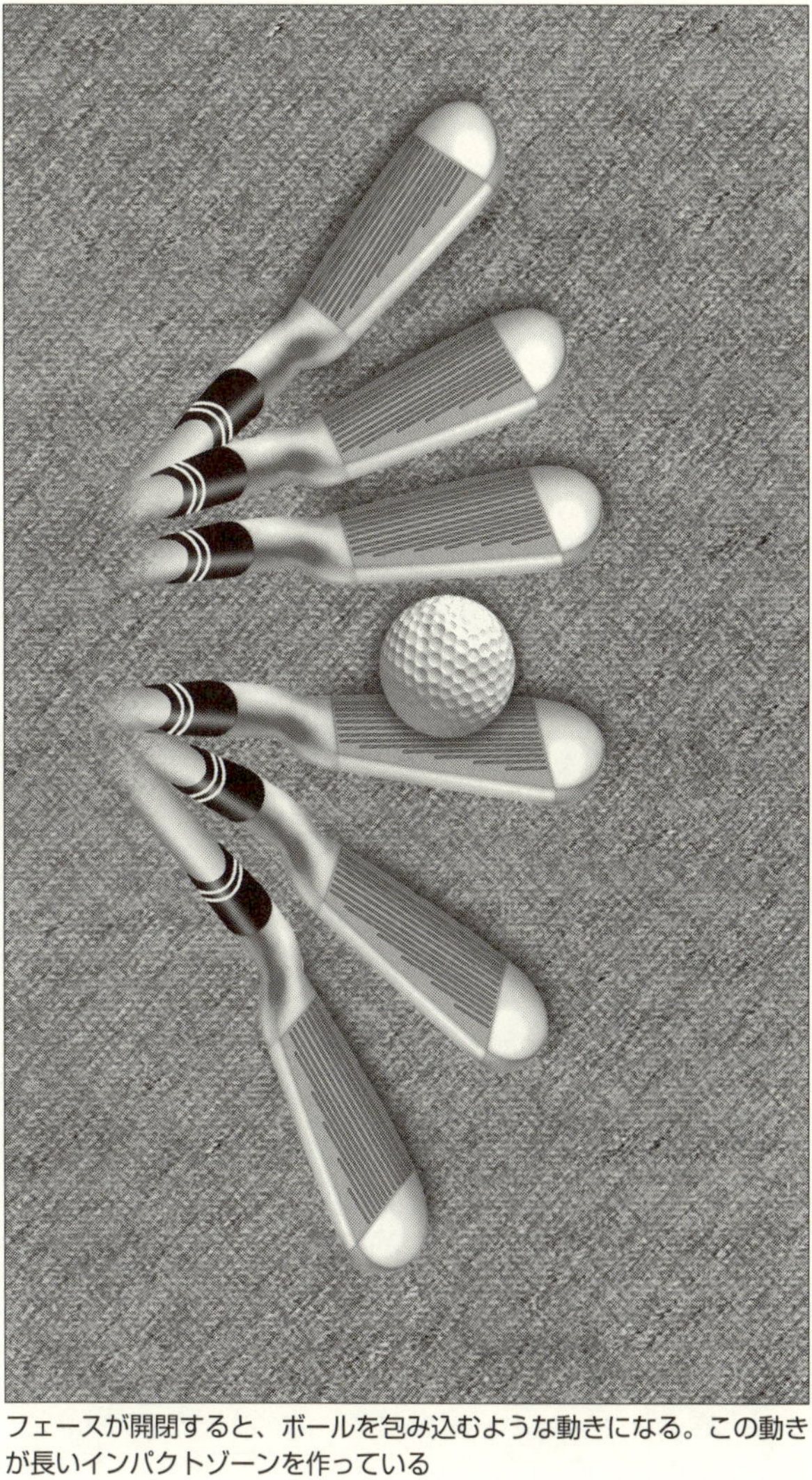

フェースが開閉すると、ボールを包み込むような動きになる。この動きが長いインパクトゾーンを作っている

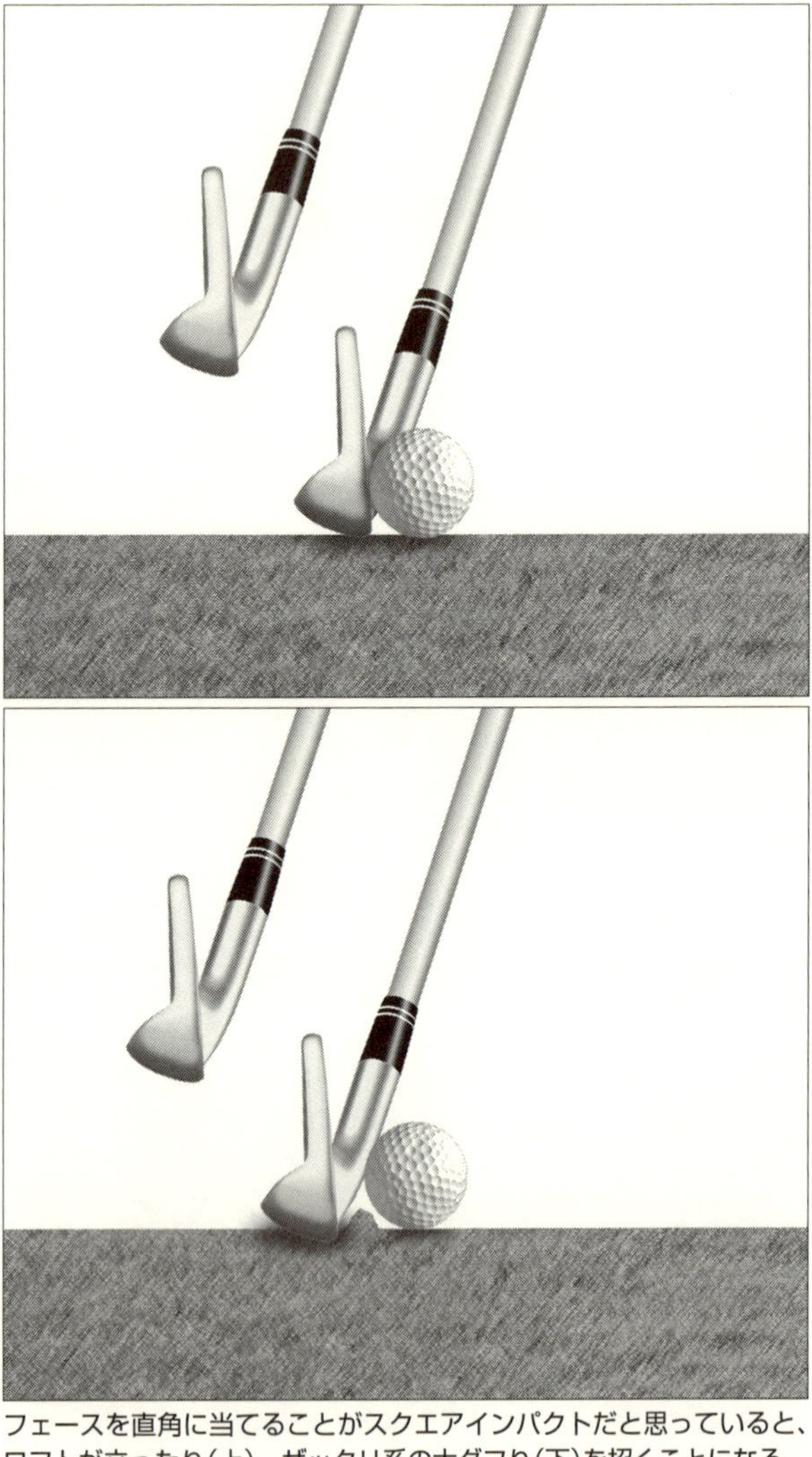

フェースを直角に当てることがスクエアインパクトだと思っていると、
ロフトが立ったり(上)、ザックリ系の大ダフり(下)を招くことになる

簡単ではないということです。世のアマチュアゴルファーのほとんどがスライサーだという現実をみれば、納得できるでしょう。

つまり、フックボールを打つ体の動きや使い方（＝スイング）と、スライスボールを打つ体の動きや使い方（＝スイング）はまったく違うのです。そのため、一度スライスの体の使い方が染みついてしまうと、フックの体の使い方に矯正することがとても困難なのです。

最初は9番アイアンなどの短い番手やピッチングウェッジでかまいません。打ち出しがターゲットライン上か右に出て、そこから大きく左へと曲がるフックを打てるようにしましょう。

ターゲットライン上に着弾する、理想的なドローボールを打つ必要はありません。ターゲットラインのさらに左へ着弾する大フックでいいのです。

ポイントになるのは打ち出されるボールの方向。これだけは、必ずターゲットライン上か右でなければなりません。万年スライサーの人は、ターゲットラインの右に打ち出す意識を強くもったほうがいいでしょう。そして、ターゲットラインの左に打ち出されて、そ

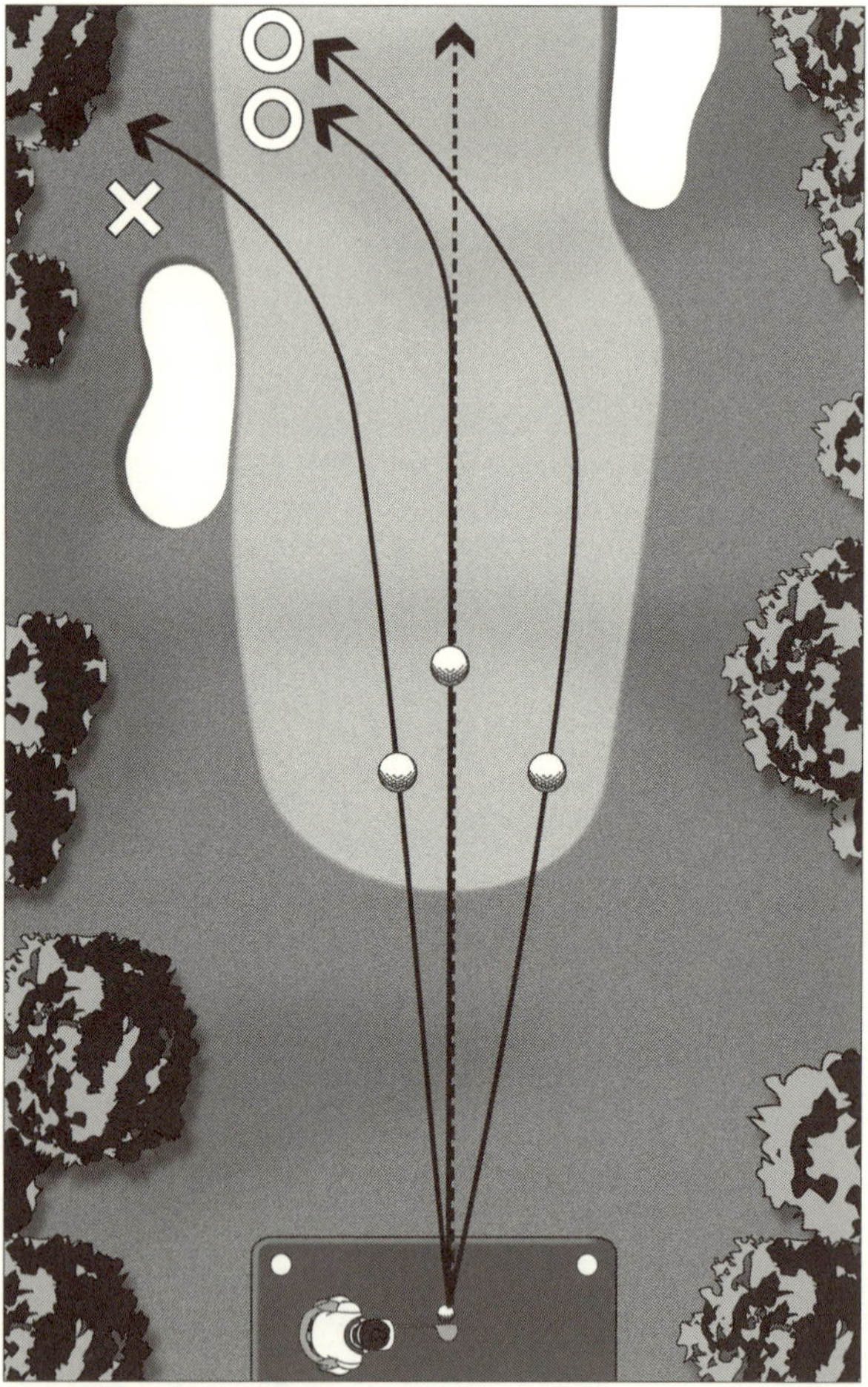

フックを打つ練習をするときは、ターゲットライン上か右に打ち出すことが重要

こから左へと曲がるボールは〝ヒッカケ〟。このスイング軌道はアウトサイド・インです。ターゲットライン上か右に打ち出されれば軌道はインサイド・イン、もしくはインサイド・アウト。体が開かずフェースの開閉によって左へ曲がっていると判断できます。

この「打ち出しの方向」だけは必ずチェックして、フックを打てるように練習を積んでください。そうすれば、腕を振る感覚、そして開閉の感覚が必ず身につくでしょう。

プロが持っている〝さばく感覚〟とは

連続素振りやフックを打つ練習を積むとボディターンのイメージが薄れ、しっかり腕を振る感覚とフェースが開閉するフィーリングをつかめるわけですが、この練習のメリットは他にもあります。

それは、「クラブという道具を自由にさばくフィーリングがつかめる」ということです。

道具を使うスポーツは、その道具をいかに使いこなすかがとても重要。野球ならバット、テニスならラケット、剣道なら竹刀。道具を使う競技はそれ以外にも数多くありますが、いずれの競技も道具を自由自在に扱えなければ、よい結果を生むことはできません。

たとえば、みなさんもよくご存じのイチロー選手。彼のバットコントロールは、まさに「さばく」という言葉がピッタリ。そして、さばける技術があるからこそ、ふつうの選手が見送ってしまう悪球もヒットにしてしまうのです。

また、剣道の選手が目にもとまらぬ速さで竹刀を一閃し相手に一撃を加えるのも、さばける技術があってこそ。

スポーツではありませんが、板前さんの包丁の使い方に至っては「包丁さばき」という言葉があるくらいですから、さばいている以外の何ものでもありません。

ここでちょっと考えてほしいのですが、イチロー選手のバットコントロール、剣道の選手の竹刀使い、板前さんの包丁さばきには、ある共通点があるのです。

正解は、どれも「腕や手を使って道具を扱っている」ということです。話を聞くと、腕や手を使っている意識はないと言うかもしれませんが、これはプロゴルファーが体を回しているだけだと言うのと同じことです。つまり、本人には腕や手を使う意識はなくても、実際には使わなければボールを打てない、相手に一撃を加えられない、魚を下ろせないというわけです。

ゴルフもこれとまったく同じ。腕や手でクラブを自由自在にさばく技術を身につけることで、フェースが開閉してボールをつかまえることができ、バリエーション豊かなアプローチショットが打てるようになるというわけです。

いかがでしょうか。体を回せばナイスショットが打てるという考え方はすぐに捨てて、腕や手を使ってスイングすることに取り組んでみてください。

クラブの特性を理解すると意識が変わる

しなやかに腕を振る意味はまだあります。ご存じのように、ゴルフクラブはグリップの延長線上に重心がありません。そのため、クラブフェースは開いたり閉じたりするのです（正確には開く方向へ常に力がかかっています）。

前項でお話しした「道具を自由自在にさばく」技術を身につけるには、道具の特性を知っている必要があります。特性といってピンとこない人は、「使い方」と考えてください。

たとえば、いまではほとんどの人が持っている携帯電話。メーカーによって操作方法が違うため、買い替えたときに戸惑うことがあるかと思います。

でも、携帯電話にはとても分厚い操作マニュアルがついていて、面倒ではありますが読みさえすれば、すべての機能を使うことができるはずです。

そしてマニュアルを読みながら実際に操作すると、「このメーカーの携帯はメールを打つときには、このボタンを押すんだ」とか「留守電を聞くには、このボタンを押すんだ」など、その携帯の特性（＝使い方）がわかり、徐々にマニュアルがなくても使いこなせるようになります。

ゴルフクラブは、**ボールを打つ道具としては非常に特殊な作り**です。バットやラケットなど、ボールを打つ道具の多くはグリップの延長線上に重心があります。

スポーツ以外の道具に目を向けても、フライパンやお鍋、金槌、箸など、たいていは柄（持つ、握る部分）の延長線上に重心があり、柄と重心の位置がズレているものはあまり

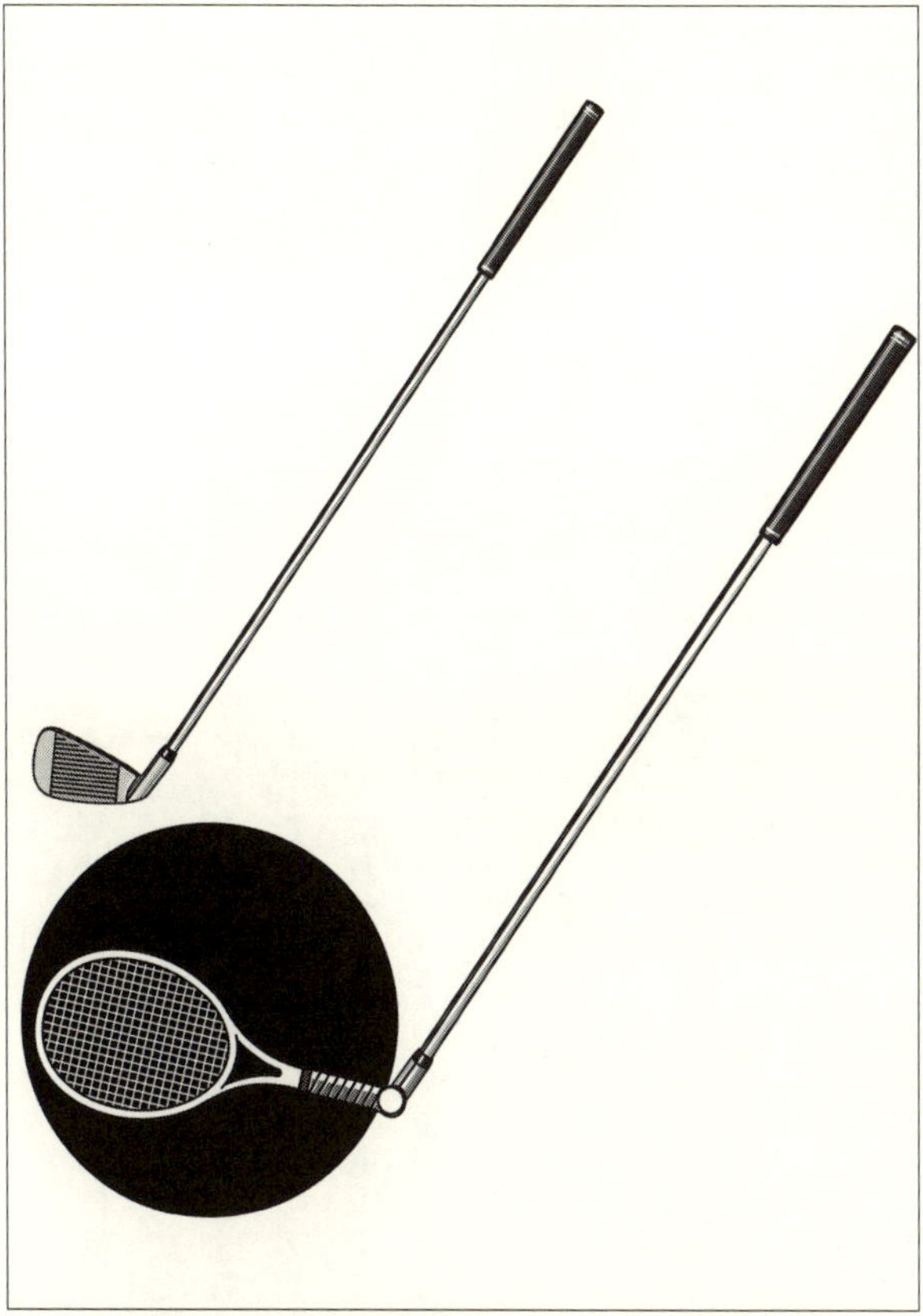

ゴルフクラブは、シャフトの先からテニスラケットが生えているようなもの。これほど特殊な形状のものをバットなどと同じように振っても、うまく打つことはできない。また、テニスでラケットの面を変えずに打つときは、コントロールなどを重視した応用的なショットのときで、勢いのあるショットを打つときは、誰でもラケットの面が閉じるように振るはず。ゴルフでも、この感覚で振ることが重要になる

ありません。

ヘアードライヤーやヘアーブラシなどは、その形状から柄と重心の位置がズレていることがわかりますが、ズレていてもゴルフクラブほど大きい（長い）わけではなく、また体のすぐそばで使うため重心位置のズレが操作に大きな影響を及ぼすことはありません。

ところが、長さが46インチ（1・1684メートル）もあり、グリップと重心の位置がズレていて、そのうえ体とおよそ1メートルほど離れている直径4センチ程度のボールを打つドライバーという道具には、残念ながら親切なマニュアルや説明書はついていません（マニュアルがついていないというのは他の番手についても言えますが…）。

いまではクラブの買い替え時にフィッティングをすることが一般的になってきましたが、その際に教えてもらえることといえば素材や製法、そして弾道解析機がはじき出したバックスピン量やサイドスピン量、ヘッドスピード、飛距離などで、買おうかと思っている肝心のクラブの使い方については一切教えてもらえません。

棒状の物でボールを打つとなると、バットやラケットと同じように振ることが当たり前であり、ごく自然だと誰でも思うでしょう。しかし重心の位置がグリップとズレているゴ

クラブの形状による重心位置の違い（イメージ）

ヘッド形状は違うが、どのクラブもシャフトより後ろに重心があるため、絶えずフェースが開く方向に力がかかっている

ルフクラブは、ズレていない他の道具のように振ってもうまくボールを打つことができません。

そのため、**重心位置がズレていることをしっかりと頭に入れてからスイングに取り組むことがとても大切**で、クラブという一本の長い棒状の物を振る意識ではなく、先端にあるヘッドを振る意識を持つことが重要なのです（ほとんどのアマチュアはシャフトや棒を振る意識が強すぎます）。そしてヘッドを振る意識を持つと、フェースが開閉する感覚もつかみやすくなります。

クラブの重さを感じるのはプレーンを外れたとき

ゴルフクラブの特性を活かすには、腕や手首、ヒジなどの関節を目一杯使って振ることが大切だということは前述しました。そしてこれがある程度できるようになったら、次のステップである「スイング中、重心の位置が大きく外れないように振る」ということを意識してみましょう。

重心の位置が外れない振り方とは、スイング中に、急にクラブの重さを感じることがないようにするということです。

最近は使う人がめっきり減ったマッスルバックのブレードアイアンも、多くのゴルファーが使うキャビティアイアンやポケットキャビティアイアンも、必ずシャフトの延長線上より後ろに重心があります（ドライバーやフェアウェイウッド、ユーティリティも同様です）。

そのため形状こそ違えど、どのクラブもフェースは開きたがっている、開く方向に常に力がかかっていることになるのです。

ソールしていることもあって、アドレス時は重心がズレている感覚をなかなか実感できませんが、バックスイングの途中や切り返しのときなど、急にクラブの重さを感じることはないでしょうか？

たいていのアマチュアの方は感じたことがあると思います。そして**重さを感じた瞬間が、重心が大きく外れたとき**なのです。

重心が大きく外れて急に重さを感じる感覚は、簡単にチェックすることができます。80

アドレスの姿勢からクラブを上げていき、その途中で急にヘッドの重さが手に伝わらなければ、重心の位置を外さずに上げられている

クラブを上げていく途中で手に急に重さを感じるときは、写真のようにヘッドの位置が軌道から外れ、それにより重心の位置も軌道から外れてしまっている

ページの写真をみてください。

まずは1のように自然にアドレスします。このときグリッププレッシャーはごく弱く。次に、2のように真上にクラブをゆっくり上げていきます。

上げていく途中で手のひらに急にクラブの重さを感じたら、真上に上げる軌道からクラブの重心が外れたことを意味します。真上に上げる軌道から重心が外れなければ、アドレス時のごく弱いグリッププレッシャーのままクラブを真上に上げることができます。

体の正面でクラブを上げ下げしている分には、重心が軌道から大きく外れることはありません。しかし、実際に打つのと同じようにきちんとアドレスしてバックスイングすると、ほとんどのアマチュアの方は、バックスイングの途中で急にクラブの重さを感じるはずです。

重さを感じる（＝軌道から重心が外れる）というのは、簡単にいえば理想のオンプレーン軌道からクラブが外れてしまっているということです。

ヘッドがシャフトプレーンより下を通るバックスイング、右肩が突っ込んだ切り返し、シャフトが寝すぎたダウンスイング……。アマチュアの方の多くがこれに当てはまります。

✕ 重心がズレる
アンダーなテークバック

オンプレーン軌道でテークバックできないのは、重心が外れてしまっているから

○ 重心がズレない
理想のテークバック

重心をズラさないようにテークバックすれば、オンプレーン軌道に沿ってクラブは上がる

✕ 重心がズレる
カット軌道の切り返し

アマチュアゴルファーに多いカット軌道は、重心がズレた切り返しの典型的な形

○ 重心がズレない
理想の切り返し

重心をズラさないように切り返せば、クラブはオンプレーン軌道に沿って下りる

× 重心がズレる
振り遅れのダウンスイング

体を回すとクラブが寝て、振り遅れのダウンスイングになる。これも重心がズレたダウンスイングの典型的な例

○ 重心がズレない
理想のダウンスイング

重心をズラさないようにダウンスイングすれば、クラブはオンプレーン軌道に沿って下り、インパクトを迎えられる

こうなると、必ずクラブの重さが手に伝わります。これらは皆、重心がオンプレーン軌道から外れているために起こることなのです。

仮に、「スイングの途中で急にクラブの重さを感じることなんてない」という人がいたら、おそらくその人は相当グリッププレッシャーが強いはずです。

ギュッと力を入れてグリップすると、重心が外れても重さを感じることはほとんどありません。しかし実際は、強すぎるプレッシャーで腕や手首、ヒジなどの関節をしなやかに使えず、ひとかたまりのスイング、つまり体の回転で打つスイングになっているのです。すると当然、振り遅れてスライスしか打てないということになります。

グリッププレッシャーが適切な状態で、スイング中に感じるクラブの重さが一定であれば、オンプレーンにスイングできているという証拠です。

そしてスイング中に重心が外れなければ、弱いグリッププレッシャーでもフィニッシュまで一気に振り抜くことができるのです。

ほとんどのゴルファーはグリップを強く握りすぎる

　前項でお話したように、多くのアマチュアの方はグリッププレッシャーがとても強いため、外れたときの重さを感じられません。また、グリッププレッシャーが強いとひとかたまりの動きになりやすく、体全体を左へ回してクラブを振ってしまいます。

　よくいわれることですが、やはりグリッププレッシャーはソフトなほうが好ましいです。ソフトに握れば手首、ヒジ、肩などが力まないため、腕をしなやかに振ることができるからです。

　グリップを強く握りすぎることは、百害あって一利なし。ゴルファーであれば、いまさらこんなことを言われなくてもわかっていることでしょう。しかし現実に目を向けると、ギュッとグリップを握ったり、肩やヒジが突っ張っている人ばかりというのが現状です。

　特にグリッププレッシャーに関しては、ソフトに握るといってもその明確な基準がないため、自分ではソフトに握っているつもりでも、わたしたちプロからみるととてもソフトとはいえない方が多いのです。

「小鳥をつぶさない程度」「マックスを10としたら3～4くらいの力」などとよく言われますが、その感覚は人それぞれなので、どの程度が小鳥がつぶれないのか、どのくらいが3～4の力なのか、わかりづらいものです。

わたしがレッスンの現場でグリッププレッシャーについてレクチャーするときは、「持つ物の重さに合わせて握ってください」と言います。

持つ物の重さに合わせるとは、たとえば紙くずを丸めてゴミ箱にポンと放るとき、手にした紙くずを力一杯ギュッと握る人はまずいないでしょう。紙くずの重さに合わせてソフトに握り、ふんわりと放るはずです。

ボクシングをしたことのある人はそう多くないでしょうが、パンチを出す前のボクサーの両手（両腕）はブラブラとリラックスしています。ギュッと力んで構えてはいません。

ナイフとフォークを手にしてステーキを食べるとき、手にしたナイフをこれでもかという力で握り、丸太をノコギリで切るごとくステーキを切る人もいないはずです。ダーツの矢を投げるとき、槍投げのように全身の力を使う人もまたいないでしょう。

お箸を使うとき、ペンで字を書くとき、金槌でクギを打つとき……。どんな道具を使うにしろ、人は自然と道具の重さに見合った力で握り、また見合った力でその道具を動かします。

ゴルフクラブを使ってボールを打つときも、この感覚でグリップし振ればいいのです。かなり長いものだとはいえ、ゴルフクラブの重さはたかだか３００から４００グラム程度。１リットルのペットボトルの半分以下の重量しかないのです。

持つ物の重さに合わせることさえ忘れなければ、自然とグリッププレッシャーはその人にマッチした適正な強さになります。また、切り返しでグッと力んで親の仇のごとくクラブをボールに叩きつけるようなスイングにもなりません（目をつぶって素振りをするとき、グリップを力いっぱい握る人がいないのと同じです）。

このように、持つ物の重さに合わせることで力みがなくなります。すると手首、ヒジ、肩の関節をフルに使うことができ、腕をムチのようにしなやかに振ることができるようになるのです。

第3章

プロのダウンブローを
7ステップで徹底解剖

ダウンブローとはどういうスイングなのか

ここまでボディターン打法のデメリットと、ダウンブローを身につけるうえで欠かせない腕の振りについてお話してきました。

いよいよここからは、本書の要である「ダウンブローをマスターするためのメソッド」を紹介していきます。

でもその前に、そもそもダウンブローとは何なのかということについて理解していただく必要があります。まずは、ダウンブローの定義についてです。

ダウンブローをひと言でいうと、**振り遅れることなく、スクエアにインパクトできるスイング**です。

これまで何度かお話してきたように、アマチュアゴルファーの9割以上は振り遅れています。また、プロゴルファーでも振り遅れの兆候がみられるときは調子を崩しています。

ゴルフにとって振り遅れは致命的ともいえる現象であり、振り遅れないスイングさえ身につければ大きなミスがなくなるといっても過言ではありません。

アマチュアの方がボールをつかまえられずスライスばかりになるのも、要は振り遅れているからです。

よく、「カットに振っちゃったからスライスしちゃったよ」とか「あぁ、フェースが開いたまま当たっちゃったよ」などと言う方がいますが、カットに振ってしまうのも、フェースが開いてしまうのも突き詰めると振り遅れが原因。

また、スライサーが時折見せる左へのヒッカケやチーピンも振り遅れが原因です。体は振り遅れていることを察知すると、スライスさせまいとして自然と早めにコックを解きフェースをシャットにしてヒットしようとします。これにより、ヒッカケなどの左に飛ぶボールが出るのです。

さらにダウンスイングでクラブが寝すぎてしまうと、ヘッドはボールのはるか手前に落ちて大ダフりになります。クラブが寝すぎてしまうのも振り遅れが原因です。

そして、振り遅れを招く最たるものが、体をひとかたまりにして動かす（回す）ボディターン。体を回して打とうとすると、体が開く、ダウンスイングでシャフトが寝る、シャフトが寝るのを嫌うと上半身が突っ込む、フェースが開くなど、スイングにとってよいことはひとつもないのです。

すべての重さと力を真下に解放する

体を回すことのデメリットはもうひとつあります。力の放出方向が地面に置いてあるボールではなく、目標の方向になってしまうということです。つまり、地面（下）に置いてあるボールを打つのに、横方向へ力を使っているのです。

ボールを打つスポーツの基本は、ボール方向へ力を放出すること。それによってボールを力強く、確実にヒットすることができるのです。

ボール方向へ力を放出しないのは、応用の技術を使うときです。

たとえば、卓球のサーブでラケットを上方に振るのはボールに強烈なスピンをかけるとき。テニスでラケットのフェース面を寝かせて、地面方向へカット気味に振るのはスライスを打つときです。

どちらのショットも、フェース面とボールをきっちりコンタクトさせるショットが打てるようになってから、応用のテクニックとして覚えていくもの。まずはフェース面とボールがしっかりコンタクトする振り方や、ラケットの使い方、体の使い方を習得します。

ゴルフの場合、これは「しっかりと腕を振る」に当たり、正しく腕を振ることで振り遅れないインパクトが手に入り、オンプレーンスイングになり、フェースターンも自然と発生するのです。

そして、いま挙げた三つの要素が噛み合うことで飛距離が出る、方向性がよくなる、ダフリやトップといったミスがなくなる、アプローチなどのバリエーションが増えるなど、技術のレベルアップにつながっていくのです。

ステップ1【グリップ】
左手の親指がシャフトの真上にくるスクエアグリップが基本

グリップには、ウィークグリップ、スクエアグリップ、ストロンググリップなどいくつかの握り方が存在しますが、わたしがみなさんにオススメするのはスクエアグリップ。

ウィークグリップやストロンググリップのトッププレーヤー、名選手もたくさんいるため、これらのグリップが悪いわけではありません。特にストロンググリップは、ボディターンでスイングするアマチュアの方にとって、振り遅れないようアジャストするのが容易なグリップだといえます。ストロンググリップでは左手の甲が上を向いているため、わずかでもアームローテーションが入るとフェースが閉じ、ボールがつかまるからです。

わたしがオススメするスクエアグリップでは、ストロンググリップに比べて積極的にアームローテーションを使わないとフェースが閉じません。そのため、振り遅れをアジャストする効果は小さいといえます。

「効果の小さいグリップを教えるなんてヘンじゃない?」

と思う人がいるかもしれません。しかし、オススメする理由がちゃんとあるのです。

わずかなアームローテーションでもフェースが閉じるストロンググリップは、振り遅れをアジャストするのが容易だとお話ししましたが、アジャストとは要するに「一時しのぎ」でしかないということです。

言いかえれば、**ストロンググリップにしている限り、〝振り遅れスイング〟を根本的に矯正できない**ことになります。さらに、ボールがつかまらない体の動きが自然と身についてしまうのです。

ストロンググリップがもたらす「振り遅れスパイラル現象」は、以下のような流れで発生します。

・ストロンググリップは、ほんのわずかなアームローテーションでもフェースが閉じる

←

・フェースが閉じるためボールのつかまりがよい

←

・ボールのつかまりがよいため、時としてヒッカケやチーピンが出る

←

・ヒッカケやチーピンを出したくないことを体が察知して、フェースが閉じていてもヒッカケないよう体が自然と開く

↓
・体が開くことが振り遅れにつながるので、根本的なスイングの矯正にならない

スクエアグリップで振り遅れるとフェースが開いた状態でインパクトを迎えるため、ボールが右へ飛んでいきます。つまり自分のスイングが振り遅れているかどうか、一目瞭然なのです。

普段ストロンググリップにしている人がスクエアグリップに変えると、最初はボールがつかまらず難しいと感じるでしょう。しかし、腕をしっかり振ってフェースを開閉させることを覚えれば、ボールが真っすぐ飛ぶ、もしくはフックして飛ぶようになるので、振り遅れスイングから脱却することができます。

わたしがあえてスクエアグリップをオススメするのは、こういうわけなのです。

わたしの師である陳清波プロは、スクエアグリップの大家ともいえる存在です。80歳になった現在でも、ドライバーの飛距離が250ヤード以上。これは、ひとえにスクエアグ

リップだからこそ可能なのだと常々語っています。

前述したように、スクエアグリップはアームローテーションを使ってフェースを閉じなければなりません。そして、この閉じる動きが左腕の外旋と右腕の内旋を導き、力強いインパクトを可能にするのです。

陳清波プロの年齢にそぐわない飛距離の秘密は、このグリップにあります。年齢に関係なく、いつまでもビッグドライブを堪能したいという方は、ぜひこのスクエアグリップにチェンジしてみてください。

スクエアグリップの利点はまだあります。たとえば、ショートゲームで微妙なタッチを出さなければならないときや、高いボール、低いボールと打ち分けを要求されるとき、ウィークグリップやストロンググリップではクラブを上手くさばけないことが多々あります。

その点、スクエアグリップは最もナチュラルな握り方なのでクラブをさばきやすく、デリケートなタッチを出すことにも、インテンショナルボールを打つことにもラクに対応できるのです。

【スクエアグリップの作り方】

1・両腕の力を抜き、ダラ〜ンと垂らす
2・両手のひらを合わせる
3・右手が下になるようにズラす
4・ズラした状態を維持したまま握る。このとき、右手親指下の肉厚の部分で左手の親指を包み込むようにかぶせる

この4つの手順通りに握ると、誰でも簡単にスクエアグリップを作ることができます。

グリップの形とは別に、主に指先で握るフィンガーグリップと主に手のひらで握るパームグリップという分け方があります。フィンガーでもパームでも、基本的には握りやすいグリップでよいのですが、わたしのオススメは左手をややパーム、右手をフィンガーに握るというやり方。理由はグリップの形同様、さまざまなショットに対応することができるからです。

握り方1

まずは両手をダラ〜ンと垂らす（上）。次に両手のひらを合わせる（下）

右手が下になるようにズラす(上)。ズラした形を維持したまま握る(下)

【左手のパームグリップの作り方】

1・左手の指のつけ根のラインとグリップが平行になるようにあてがう

2・親指がシャフトの真上にくるように軽くあてがう

3・手のひらでグリップを包むようにかぶせる

この3つの手順を踏めば、左手のパームグリップを簡単に作ることができます。ポイントは、2の親指をシャフトの真上にセットするということ。指のつけ根のラインとグリップが平行になるように握っても、親指の位置が右すぎると極端なストロンググリップに、左すぎると極端なウィークグリップになるおそれがあるからです。

右手は、前述した「両手のひらを合わせる」よう横から添えましょう。右手を上から添えたり、下から添えたりすると、左右の手の向きがバラバラになり密着しません。これではどちらか一方の手のプレッシャーが強くなる可能性があるため、あくまでも両手のひらを合わせるような感覚を大事にしてください。

フィンガーグリップの作り方

左手の付け根のライン
に合わせてグリップを
あてがう

四本の指でグリップを
軽く握る

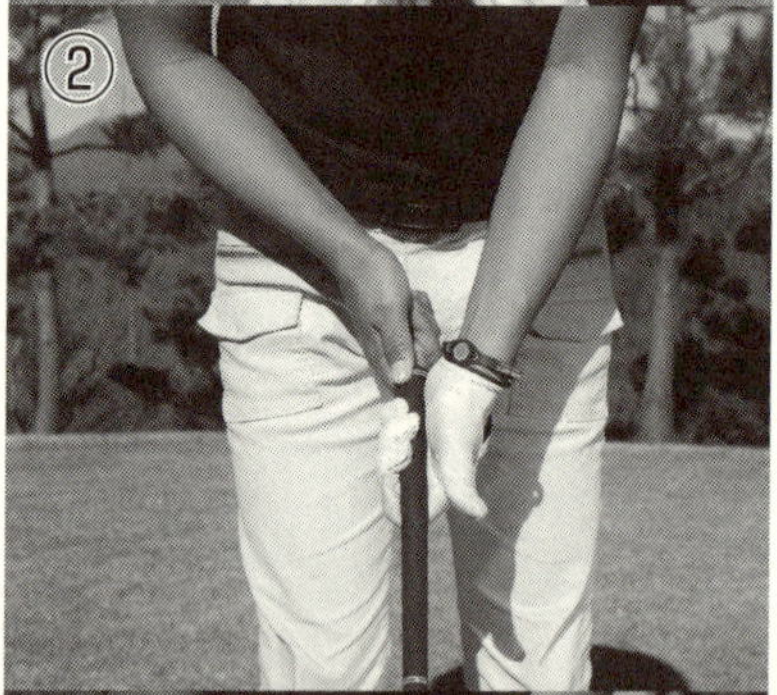

親指をシャフトの真上
にセットする

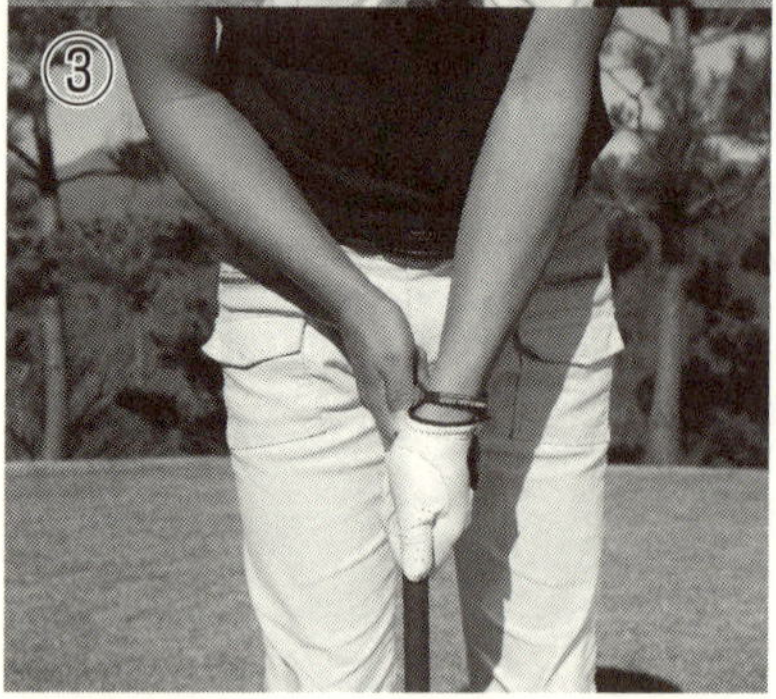

右手は両手のひらを合わせるイメージで横から持ってくる

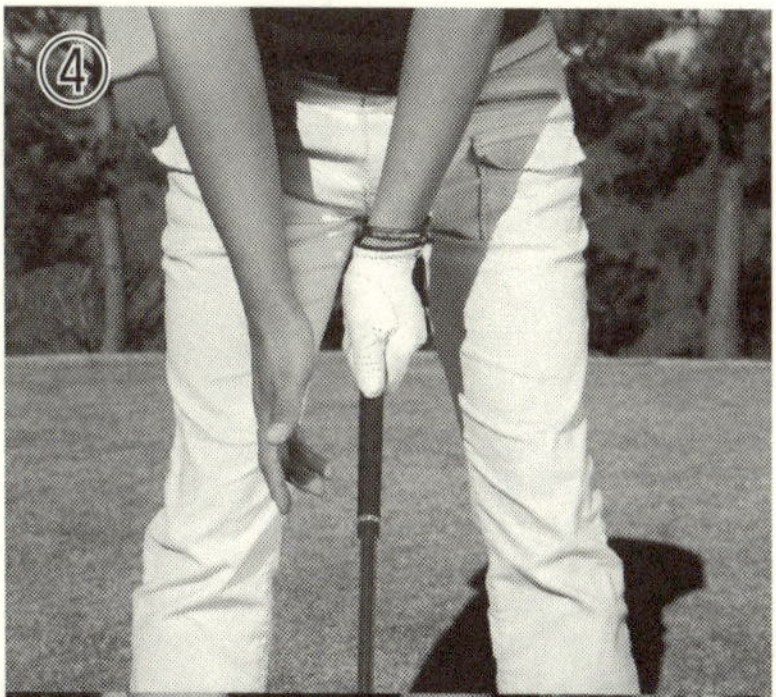

第二関節にグリップをあてがう

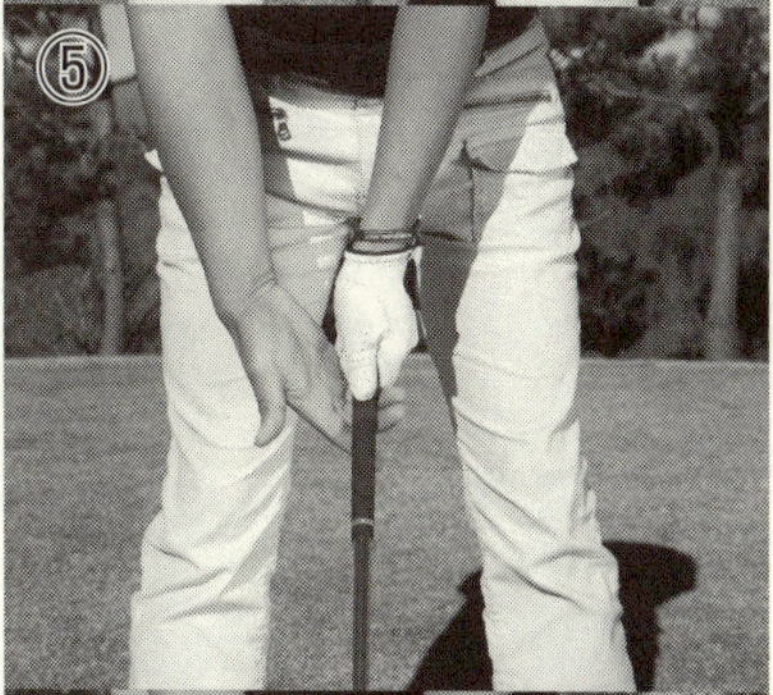

左親指を右親指の下の厚みのある部分で包み込むようにする

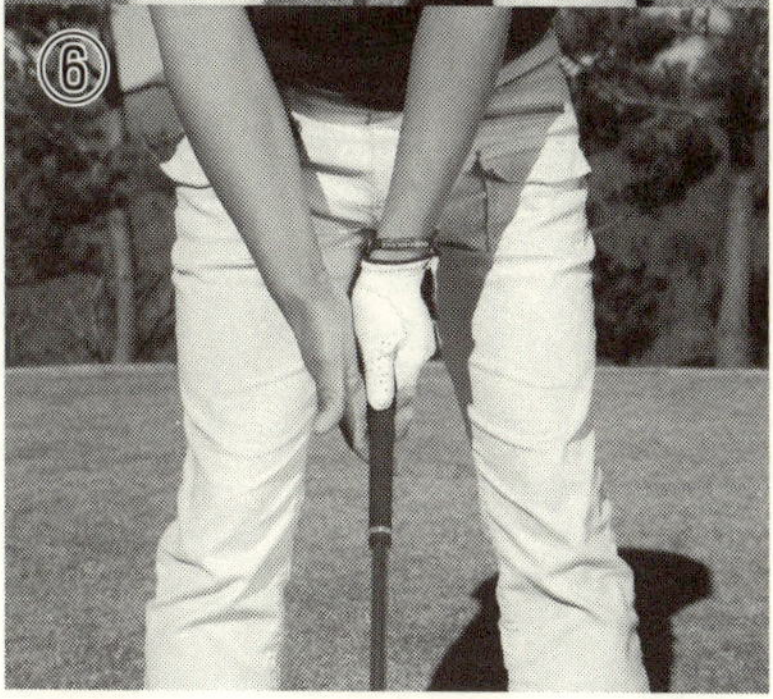

グリッププレッシャーについてですが、第2章でお話ししたように、まずは「物の重さに合わせる」ことを意識してください。そのうえで、ヘッドを誰かに回してもらっても動かない程度のプレッシャーで握りましょう。両手のひらがきちんと合わさっていれば、プレッシャーが弱くてもクラブが動いてしまうことはまずありません。

左手の親指をシャフトに沿ってベタッと握る「ロングサム」にするか、親指をシャフトの上に添える「ショートサム」にするか、あまり気にする必要はありません。握りやすいと感じるものを選べばいいでしょう。

わたしはスクエアグリップをオススメしていますが、いちばん大切なのは自分にとって「クラブをさばく感覚」が出るグリップの形を見つけること。ここに紹介した握り方とその方法は、そのためのひとつの解答だと思ってください。

完成形のスクエアグリップ

左手の甲が目標を向き、右手の親指と人差し指が締まっている。また両手が密着しておりルーズさがない

NGなグリップ1

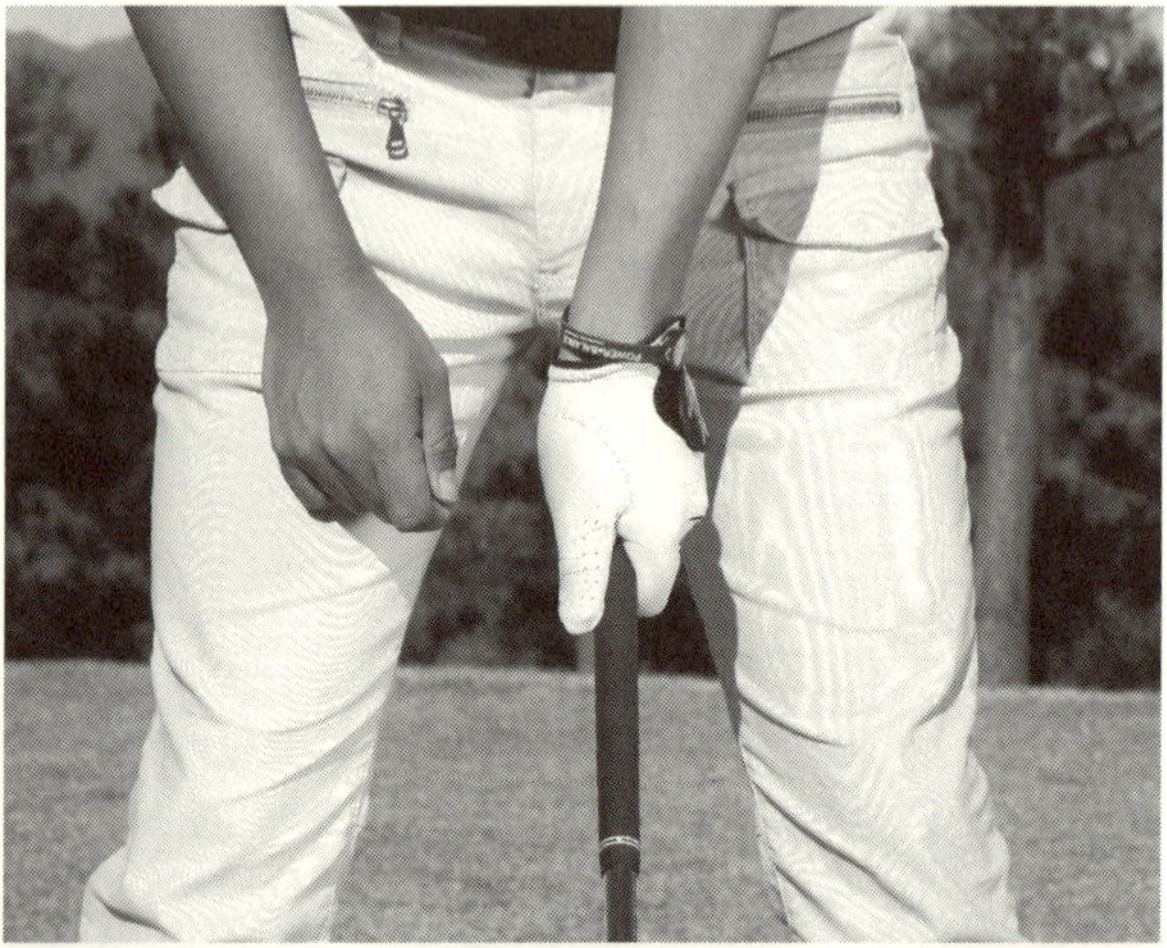

左手の親指がグリップの右にある。また左手と右手の向きが違うため密着せず、ルーズになっている。このようなストロンググリップはNG

NG なグリップ２

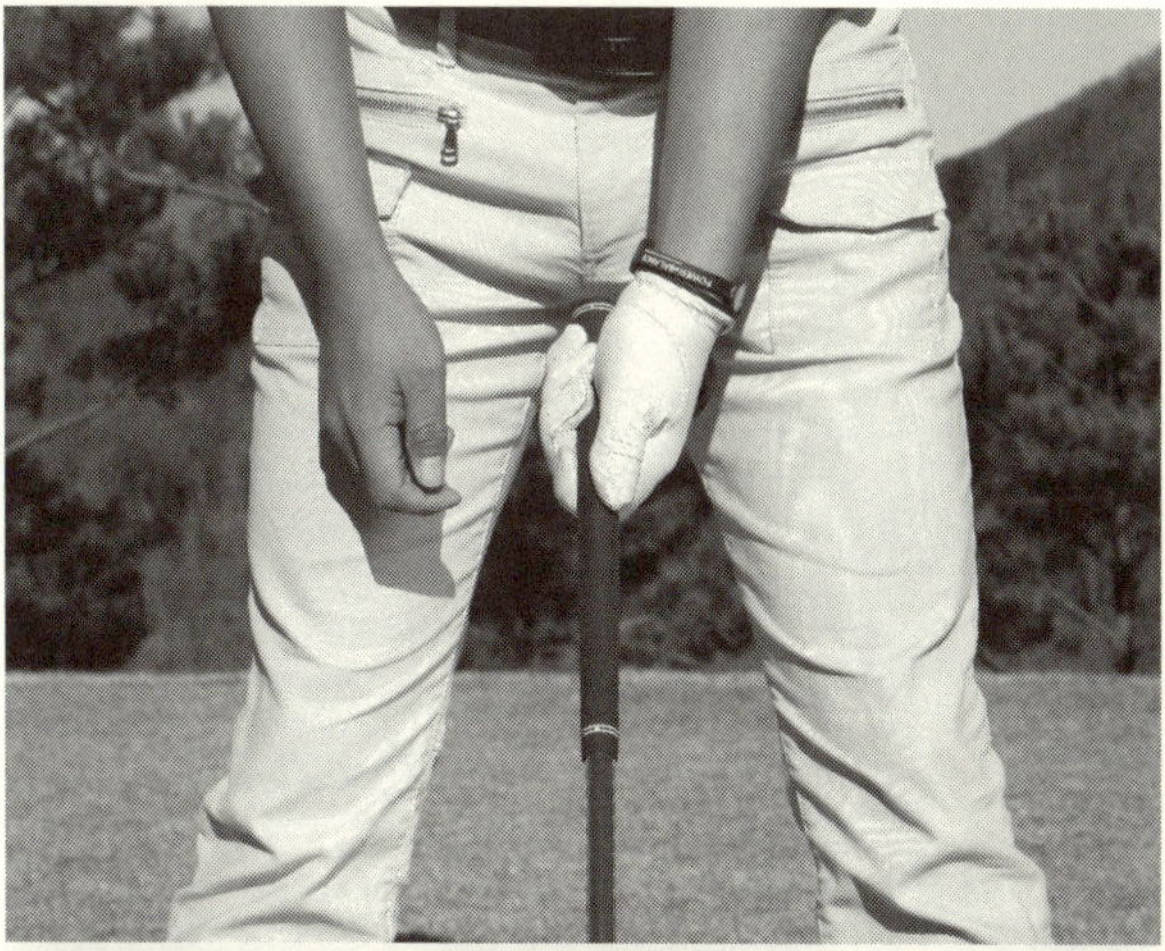

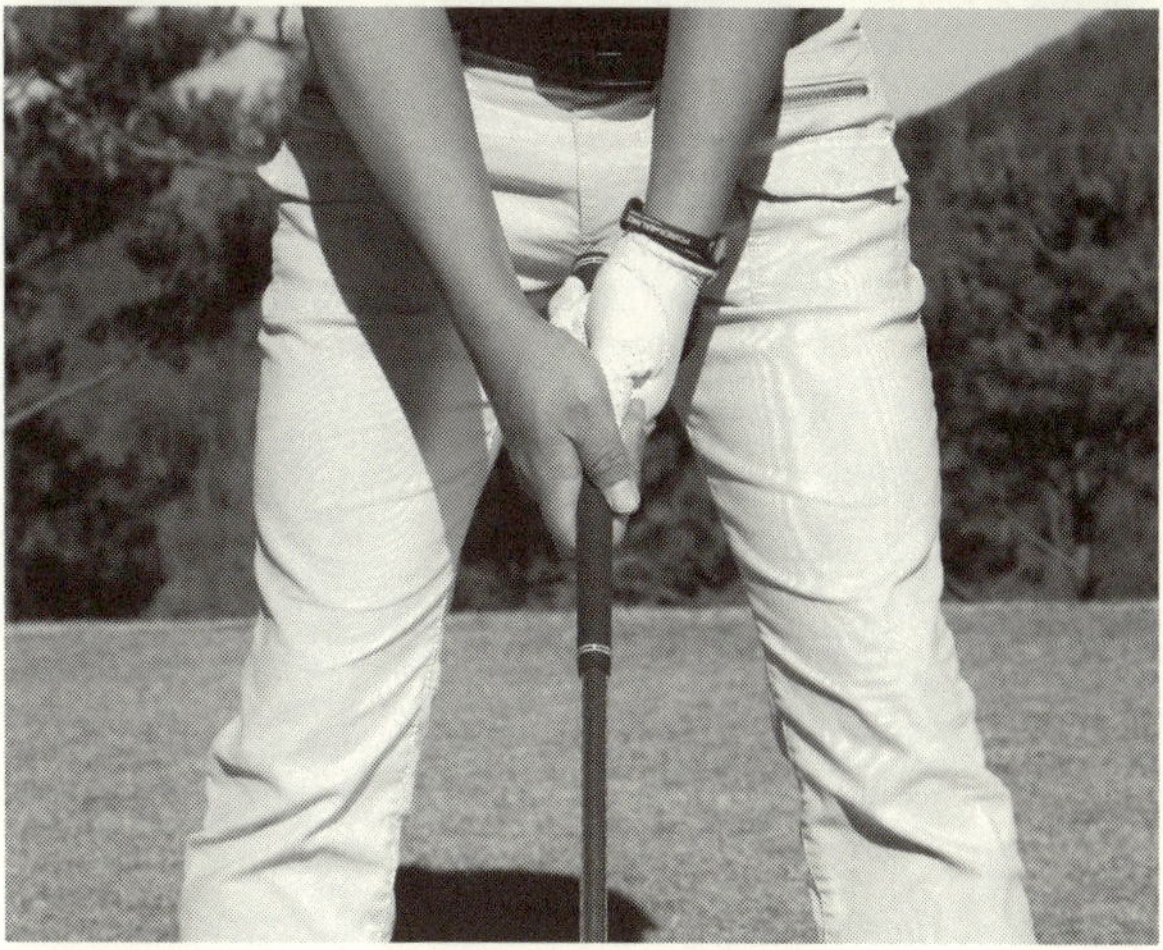

左手の親指がグリップの左にある。また左手は超ウィークなのに右手はややストロング。これでは両手が密着せず、力みにつながる。このようなウィークグリップは NG

グリッププレッシャーのチェック法

グリッププレッシャーは、誰かにヘッドを回してもらっても、ギリギリ動かないくらいの強さが最適

誰かにヘッドを回してもらって動いてしまうようでは、グリッププレッシャーが弱すぎる

ステップ２【アドレス】
「左足60：右足40」のバランスで構える

【重心の位置】

アドレスで大切なのは絶対に後傾しないことです。後傾だと重心がカカト側にかかるため、腰が退けやすくなります。腰が退けると、体が回転しやすくなるのです。

後傾しないためには、両足のすべての指が地面に触れるように立つことがポイントです。こうすれば、自然と拇指丘周辺に重心がかかり、腰が退けるのを防止できます。

よく、下半身はドッシリさせたほうがいいといわれます。そしてそのためには、足の指で地面をつかむようにするといいともいわれます。

しかし、わたしはあまりドッシリ構える必要はないと思っています。なぜならドッシリさせようとすると、どうしても力みが生じるからです。足の指が地面をつかむ必要はなく、触れるようにするだけでいいのです。

左右の足への体重配分は「50：50」、つまり体のセンターに重心がくるのが基本だとい

重心の位置について

最適な重心位置を見つけるコツは、両足のすべての指が地面と接触するようにすること（上）。足の指が地面から浮くようでは後傾すぎる

左右の足への体重配分は「右足 50：左足 50」が理想だが、ほとんどのアマチュアゴルファーは「右足 60：左足 40」になっていることが多いため、「左足 60：右足 40」くらいでちょうどいい

われています。ただし、わたしのオススメは「左足60：右足40」の配分。

腕を振るより体を回すことを意識しているアマチュアの方は、自然と「右足60：左足40」になっていることが多く、これは体を左へ回したい意識のあらわれです。これを修正し、しっかり腕を振るスイングを身につけるには、前述した「左足60：右足40」の配分でかまえるくらいがちょうどいいのです。

はじめは戸惑うかもしれませんが、少しずつ「左足60：右足40」の配分で構えるようにしてみましょう。

【上半身】

上半身は、基本的に背筋がピンと伸びた姿勢が理想です。とはいえ、背中が反るほど真っすぐ伸ばす必要はありません。背中が反ると肩甲骨が動きにくくなってしまうので、ごく自然に伸ばすことを心がけてください。元の体型がなで肩で、背中がやや丸まっている人ほど、自然に伸ばすくらいでいいでしょう。

顔の向きは、下を向くように首を曲げるのはNG。そうではなく、背中と頭が一直線に

上半身

背筋を伸ばして頭から背中まで真っすぐになるよう構える（上）。背中が丸くなるとハンドダウンになりすぎてしまう（下）

なるイメージをもつと、自然と背筋が伸びてきます。

右ヒジを突っ張らないことも大切です。右ヒジが突っ張ると右肩が前に出たアドレスになってしまいます。とはいえ、右ヒジを曲げて無理やり右肩を引く必要はありません。

ゴルフのグリップは右手が下になるため、自然に構えると必ず右腕が左腕の上にきます。そして右肩が前に出て、右腰もわずかに前に出ます。その姿勢から前に出た右腰を少し後ろに引いて（腰を左へずらすイメージでもＯＫ）スクエアな形に戻せば、前に出ていた右肩、右腰がスクエアな位置に戻ります。

その結果、右腕は左腕の下になり、なおかつ右ヒジも突っ張らなくなります。

右ヒジ1

右ヒジを突っ張らせないように構える。正しく構えられると、右腕の上に左腕が見える（上）。右ヒジが突っ張ると、右肩がかぶったアドレスになってしまう（下）

右ヒジ2

後方

正面

右手のグリップが下になるため、自然に構えると右肩、右腰がやや前に出る。その出た分を戻すようにズラせば、右腕が突っ張らない理想の形ができる

【下半身】

下半身は、よくいわれるように、直立したら股関節から上半身を曲げればいいでしょう。このとき、お尻が上に引っ張られている感覚をもって、やや突き出た形になるのが理想です。

この姿勢から少しヒザを緩めます。ヒザを緩めるときは、重心の位置がカカト側にズレないよう注意しましょう。このアドレスなら骨盤や股関節が自由に動くため、体重移動がスムーズに行えます。

よく下半身をグッと踏ん張って安定させようとするアマチュアの方がいますが、わたしはあまり踏ん張ることはオススメしません。なぜなら、踏ん張りすぎると力みが生じるからです。

「足の裏を意識してしっかりと地面に立っている」、くらいの意識にしましょう。この意識なら力まないうえ、微妙な傾斜なども察知できるので、敏感な感覚を活かすことができます。

下半身1

直立したら股関節から上半身を曲げていく。クラブを股関節に当てると感覚がつかみやすい

下半身2

上半身を曲げるときは、お尻が上を指すようにする。お尻が引っ張り上げられる感覚を持つと上手くできる（上）。お尻が下がるとカカト体重になり、下半身を上手く使えない（下）

アドレスの完成形

背筋は伸び、お尻は上を向き、つま先寄りに重心が乗ったバランスのよいアドレス（上）。右足と左足に均等に体重が乗っている。グリップの位置は左太もも内側の前が基本（下）

ステップ3【バックスイング（テークバック&トップ）】左手は押し下げ右手は引きつける

テークバックで重要なのは、いきなり体を回さないことです。

ボディターンを推奨するレッスンプロやツアープロ・コーチは、「肩を回すだけでいい」とか「左肩が右足の上にくるように体を回転させる」などといいます。しかし、アマチュアの方がこの言葉を真に受けてしまうと、クラブヘッドがインサイドに引かれるので、シャフトプレーンの下を通る〝アンダーなテークバック〟になります。

アンダーなテークバックだと、クラブがトップに収まりません。そのため、クラブを持ち上げる動きが発生してその拍子に右腕が親指側に内旋し、左腕が小指側に外旋します。すると、クラブがターゲットラインの右を指すクロストップになってしまいます。

これらを防ぐには、左手は地面方向へ押し下げ、右手は引きつけるようにしてテークバックしましょう。左右の手を離して握るスプリットグリップにして練習すると、押し下げる感覚と引きつける感覚がすぐにわかるはずです。

左手は押す、右手は引くテークバックなら体が回転しません。しかし、押し下げる動きと引きつける動きによって、回す意識がなくても肩は自然と回転し、上半身と下半身に捻転差が生まれます。また、コックも自然と入るためクラブが立って上がり、プロゴルファーさながらの締まりあるスクエアトップを作ることができます。

スプリットグリップではどうもイメージがつかめないという人は、アドレス時の胸と腰の向きを変えず、腕（手）だけを使ってテークバックしてみてください。このとき右ワキを絞って体に密着させてはいけません。絞ると肩甲骨が動きにくくなってしまうからです。そのため、後述する「正拳突き」のように右手を後ろへ引くイメージが理想です。

腕だけでテークバックし、クラブがトップに収まったら鏡を見てみましょう。腕だけでテークバックしても、肩は十分回っているはずです。逆に腰の回転は抑えられ、前述した上半身と下半身に捻転差ができているでしょう。

つまり、**腕だけでテークバックしても体は十分に回転し、バックスイングで生まれるエネルギーを蓄えることができる**のです。

テークバック

左手を地面方向へ押し下げながら右手を引きつけると、体を回さなくてもテークバックできる。また、手元が浮き上がらず低く長く引くことも可能になる

左手は下へ、右手は上へ。それぞれが違う方向へ動くイメージを持つと、上手くテークバックできる

肩を回したり三角形を崩さないようにすると、体が回ってヘッドがシャフトプレーンの下を通りやすい。手元が浮きやすいというデメリットもある

それなのに体まで回してしまうと、前述した「右向け右」的な動きになってしまううえ、右ヒザが外へ流れたり、伸び上がって腰が退けてしまいます。これでは上半身と下半身の捻転差が生まれず、ただ「回っているだけ」の状態。バックスイングで発生するエネルギーを蓄えることができません。

スプリットグリップのイメージでも、腕だけを使う方法でも、必ず「右ワキを絞らず、クラブの重さを一定にしたままバックスイングする」という意識だけはもってください。

体を回してテークバックをするとヘッドの軌道がアンダーになるため、持ち上げるときにクラブの重さを感じるはずです。また腕だけでテークバックしても、開始とともに急激に手を持ち上げたり、ヘッドがアウトサイドに上がりすぎると、やはり手にクラブの重さが伝わってきます。

アドレスからトップまでクラブの重さが変わらないようにバックスイングすれば、クラブは自然とオンプレーン軌道に沿って上がり、フェース向きもスクエアになります。そして、コンパクトかつスクエアなトップを作ることができるのです。

【テークバック1】
1・アドレスしたら左手を地面方向へ押し下げる
2・押し下げる動きと連動させて右手を引きつける
3・クラブが立って上がり、スクエアなトップになる

【スプリットグリップでのイメージ作り】
1・両手を離してグリップしたらアドレスする
2・その姿勢から左手は押し下げて、右手は引きつける
3・コックが自然と入ってクラブが立つ

【テークバック2】
1・アドレスしたら、胸と腰の向きを変えずに腕（手）だけでバックスイングする
2・左肩がアゴに触れたら腕の動きを止めると、スクエアなトップになる

スプリットグリップでのイメージ作り

左手は押し下げ、右手は引きつける。この感覚をつかむには、スプリットグリップで練習するとラクにマスターできる

テークバックの方法

どうしても体が回ってしまう人は、胸と腰の向きをアドレス時のまま維持して、手（腕）だけでテークバックする。手だけでも十分に体は回転していく

重心を一定にして上げる

クラブの重心が外れないようにテークバックすれば、クラブはオンプレーン軌道に沿って上がり、コンパクトなトップになる

クラブの重心が外れるとヘッドがシャフトプレーンの下を通るため、フェースが開いたり（上）、アウトサイドに上がってフェースが閉じたりしやすくなる（下）

ステップ4【ダウンスイング&インパクト】
正拳突きのイメージで力を真下に解放する

ダウンスイングは、クラブ、腕、上半身の重さをすべて地面方向（真下）に解放することが大切です。真下に解放するには、何度も言うように体を回してはいけません。また、クラブを振る意識も捨てたほうがいいでしょう。

そして真下に解放できれば、

・ボール方向に力を使うことができる
・スイング軌道がインサイド・インになる
・ヘッドの入射角がスイープになる
・フェースローテーションが発生してボールがつかまる
・フェースとボールの接触時間が長くなる（インパクトゾーンが長くなる）

など、飛距離と方向性の決め手となる重要なファクターが手に入ります。
体を回したり振る意識があると、次のようなマイナス要因が出てきます。

・力を横方向へ使うことになる
・振り遅れてしまう
・スイング軌道がアウトサイド・インになる
・ヘッドの入射角がスティープになる
・フェースローテーションが発生しにくくなりボールがつかまらない
・フェースとボールの接触時間が短くなる（点のインパクトになる）

次ページの写真は、真下に解放するダウンブローのインパクトと、体を回すボディターンのインパクトの比較です。これを見れば、いかに真下に力を使ってダウンブローで打つことが大切かを理解できるでしょう。

腕を積極的に振るダウンブローに比べて、体を回すボディターンがいかに効率が悪いス

力を真下に使うダウンブローのヘッドの動き・ドライバー

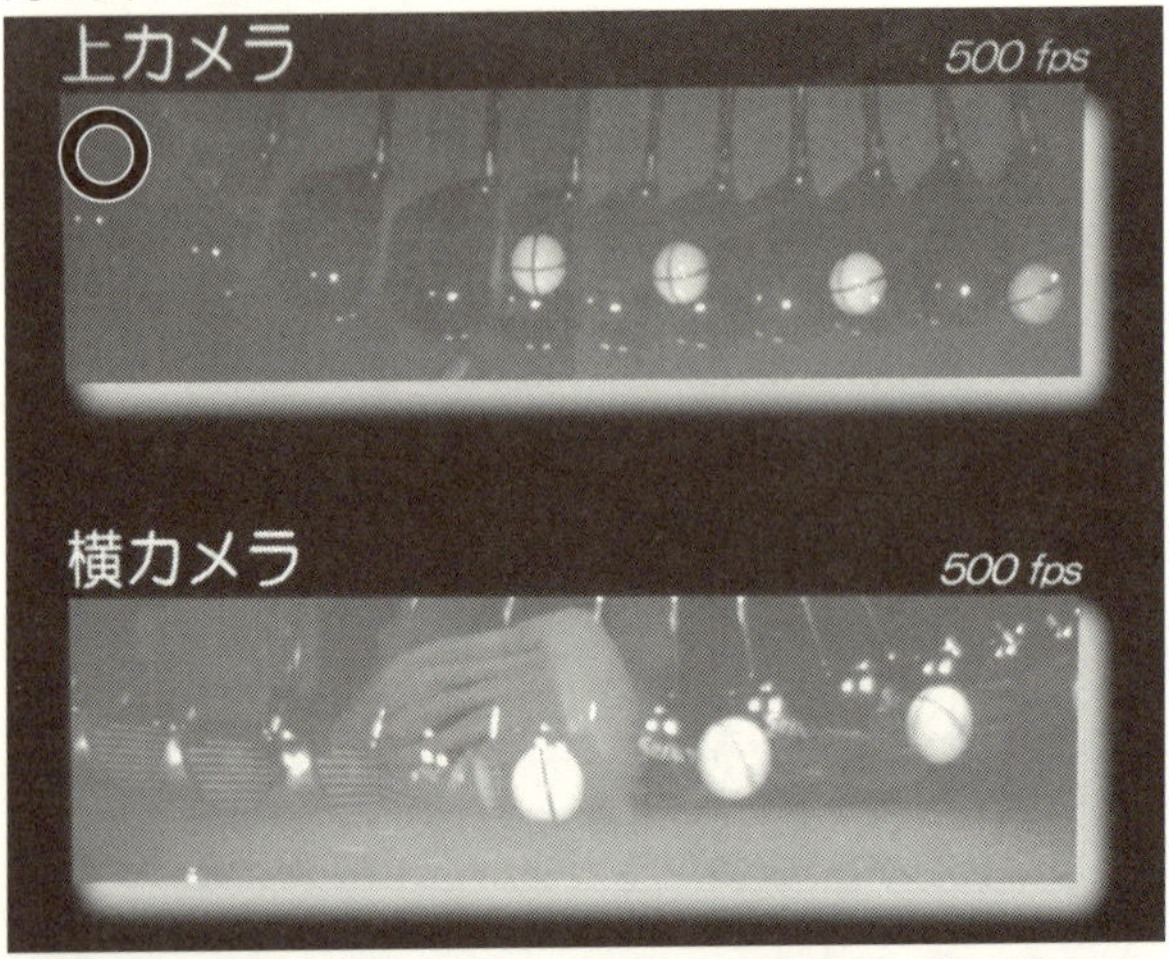

力を真下に使うダウンブローのヘッドの動き・アイアン

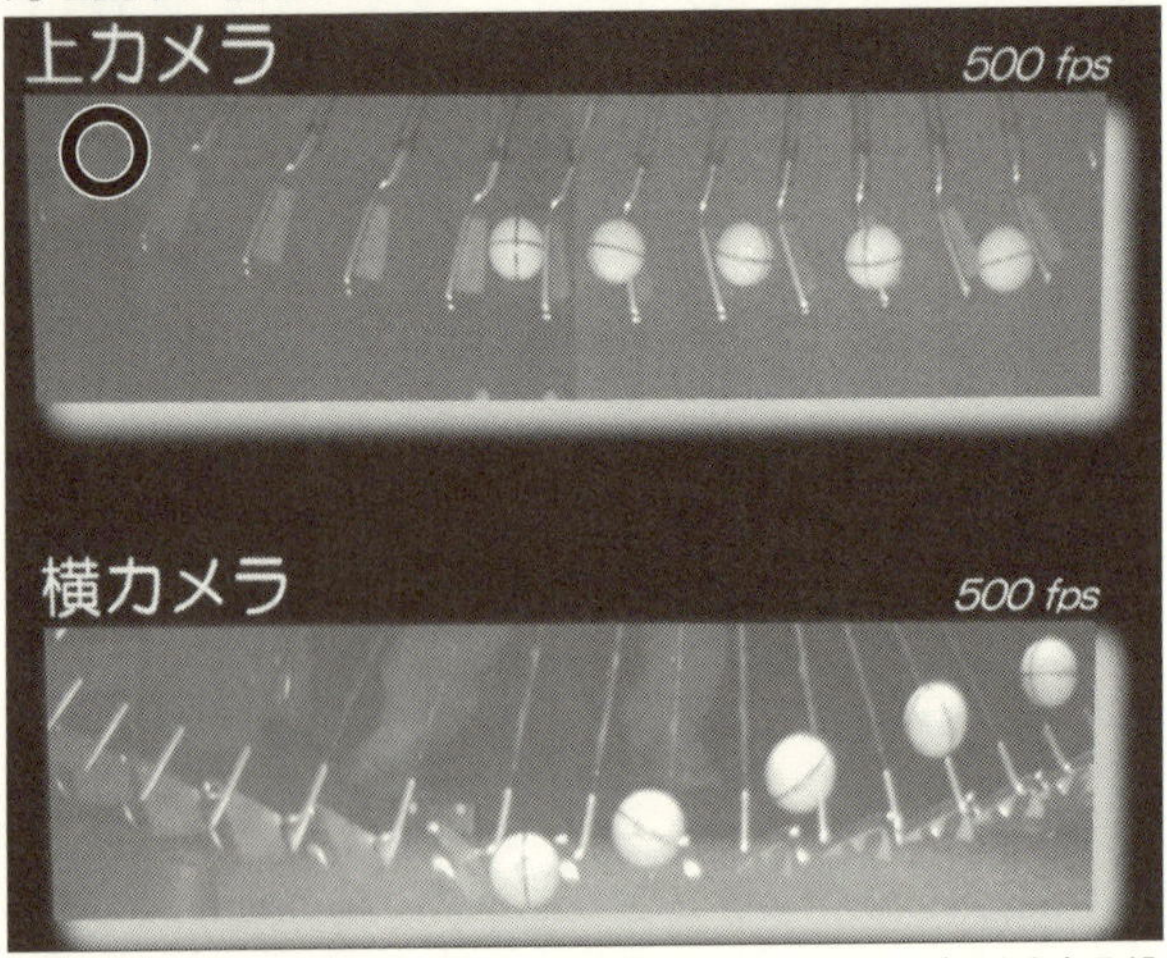

ドライバーもアイアンもヘッドの入射角がスイープで、ボールを包み込むようにフェースがターンしている

力を横に使うボディターンのヘッドの動き・ドライバー

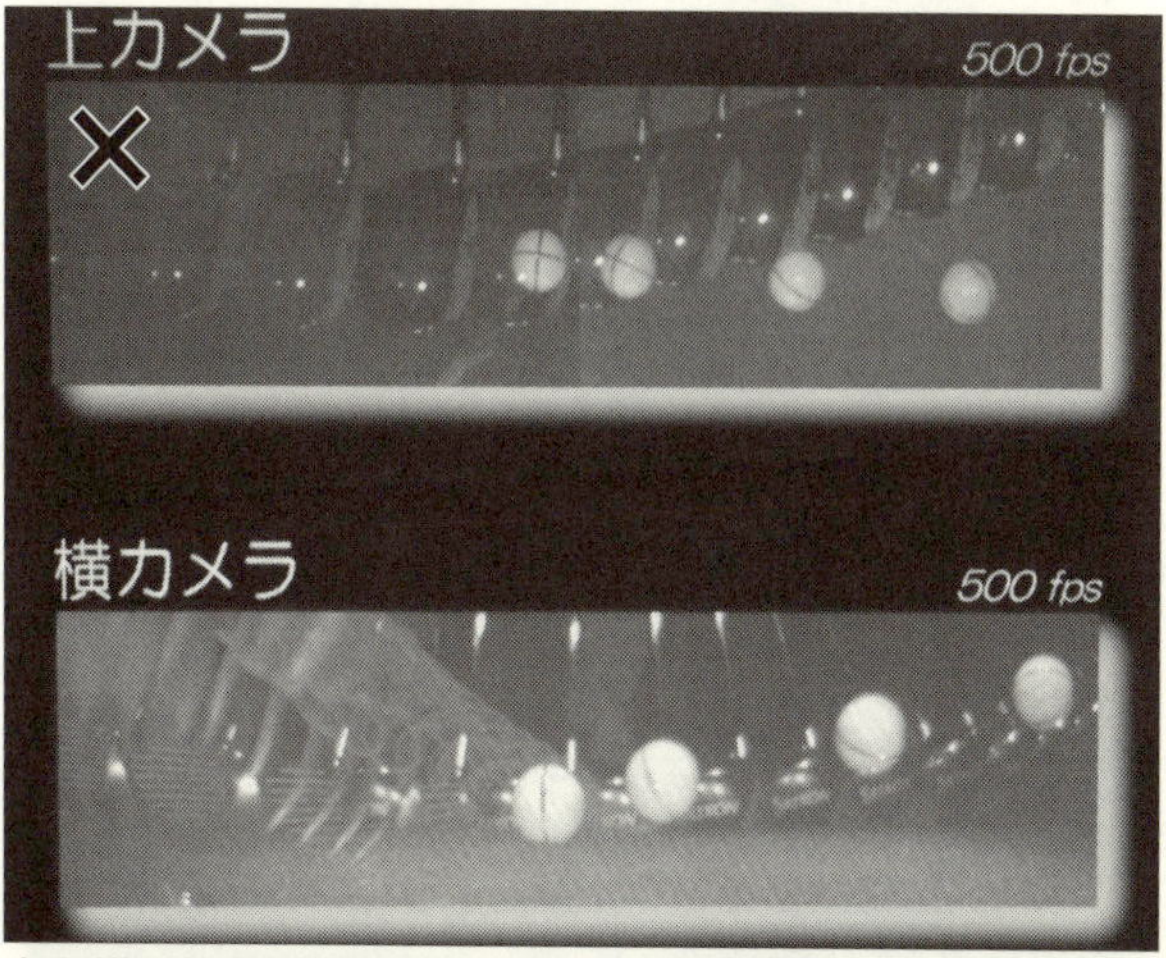

力を横に使うボディターンのヘッドの動き・アイアン

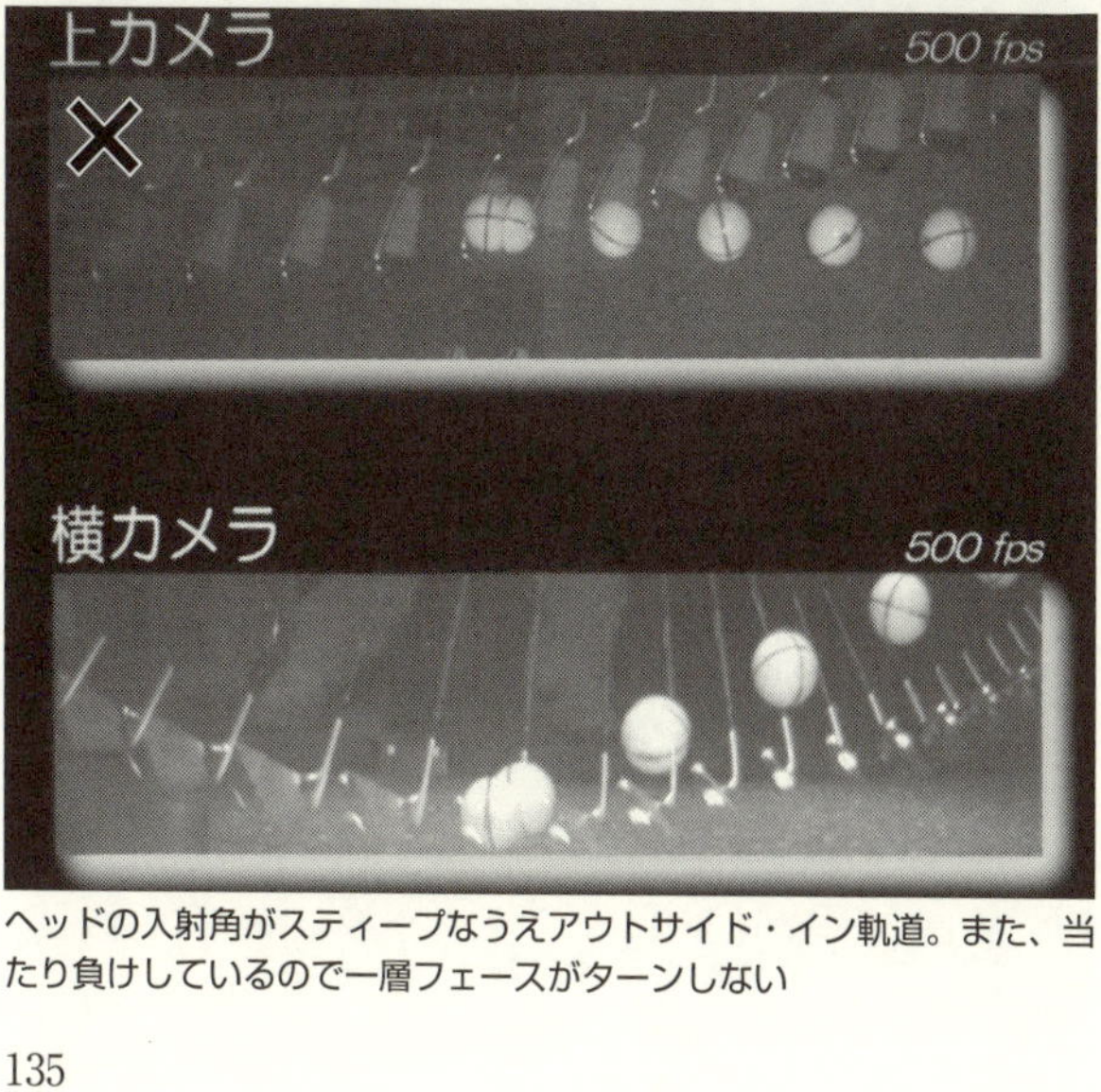

ヘッドの入射角がスティープなうえアウトサイド・イン軌道。また、当たり負けしているので一層フェースがターンしない

正しいダウンブローで打てると、ボールに対する上下のインパクトエリアも広くなる

イングなのか、明らかなはずです。

特に、上カメラがとらえたインパクトゾーンの違いには、驚かれたのではないでしょうか。実は、ダウンブローにはインパクトゾーンの長さだけでなく、「インパクトエリア」が広くなるというメリットもあるのです。

それを示したものが上のイラストです。ダウンブローでは、フェースが開閉することでリーディングエッジが地面方向へ下がってくるため、ボールの中央より上に当たってもトップにならずフェース面に乗ります。そのため、ボールに対する上下のインパクトエリアが広くなるのです。

多くのアマチュアの方は、飛球線上をヘッドができるだけ長く動くことがよいことだと思っています。つまり、インパクトゾーンを長くすることがナイスショットの秘訣だととらえているわけです。

もちろんこれも重要なことですが、実はボールに対して上下のインパクトエリアが広いことのほうが、ナイスショットには欠かせない要素なのです。

アマチュアの方は、ヘッドとボールがきっちりコンタクトしなければよいショットは打てないと思っていますが、プロはフェースの開閉を使って打つため、寸分の狂いもなくコンタクトさせようとは思っていません。

「だいたいあの辺に当てよう」といったアバウトな感覚です。よい意味でアバウトだからこそ、四日間を戦い抜くことができるのです。すべてのショットで厳密な気持ちを持って打つことなど、いくらプロでもできるわけがありません。

では、すべての重さや力を真下に解放するには、どうすればいいのでしょうか。

イメージは「正拳突き」。ボクシングのストレートパンチや空手の瓦割りを想像すると、正拳突きのイメージはすぐにつかめるでしょう。

ストレートパンチも瓦を割るときも、まず右ヒジを曲げて右の拳を体に引きつけます。すると、右腰は自然と切れ上がって右の股関節に体重が乗ります。

その姿勢から、正面に立つ相手や真下にある瓦めがけて右の拳を力一杯突き出すと、腰が瞬時に左へ切れ上がり、右股関節に乗っていた体重が左股関節へ自然に移ります。

また、突き出された右手の甲はストレートパンチなら真上、瓦割りなら正面を向きます。これは拳を突き出す動きのなかで、自然と親指側に内旋しているからです。

この動きをスイングに置き換えると、次のような流れになります。

・トップから、グリップを真下に向けて勢いよく下ろす

↓

・下半身リードや体を回す意識がなくても自然と下半身が先行して動きはじめ、オートマチックに体重が移動する

↓

・体が開かないため、インサイドからクラブを立てたまま下ろすことができる

・右腕の内旋と左腕の外旋がオートマチックに発生するため、アームローテーションが自然と行える
↓
・アームローテーションの発生によって自然とフェースの開閉が起こり、ボールをつかまえられる
↓

ポイントは、グリップした右手を右足の真上に向けて一気に下ろすこと。このとき、トップ時の右手首の角度を変えずに下ろすようにすると、インサイド・インに振り抜くことができます。

下ろす初期段階で右手首の角度が変わってコックがほどけてしまうと、アウトサイド・インの軌道になってしまうため注意が必要です。

ここまで「体を回すな、腕をしっかり振れ」とさんざん言ってきたのは、すべてこの〝体

正拳突きのイメージ

両腕を垂らした姿勢（＝アドレス）から、左手を下げるとともに右手を引きつけると自然と右股関節に体重が乗る（＝トップ）

引きつけた右手を真下へ向けて勢いよく下ろす（＝ダウンスイング）と、腰が自然と切れ上がり左股関節に体重が移る。その結果、理想的なインパクトの形ができる

正拳突きのイメージでダウンスイング

切り返しからダウンスイングでは、下半身リードなどを気にする必要はない。正拳突きのイメージで右手を右足の真上に勢いよく下ろせば、自然と下半身が先行して動き出す

下ろすときの注意点はトップ時の右手首の角度を変えないこと。変わらなければフェースが開いて下りてきて、インパクトゾーンで開閉する準備が整う

の開かないダウンスイング&インパクト〟のためで、ここがダウンブローにおける最重要ポイントです。体が開かなければ、まず振り遅れることはありません。

重い物を両手で持ち、それをターゲット方向へ向けて放り投げるとダウンスイングの感覚がつかめる、というドリルをよく見かけます。これを否定するつもりはありませんが、ターゲット方向に放り投げると体が回転して開きやすくなり、トップで蓄えられた力を横方向に使うことになります。つまり、真下への解放ではないわけです。

そのため、このドリルを行うなら右足の横、もしくは右足の前に放ると真下に力を使うイメージがつかめるようになります。

繰り返しになりますが、重要なポイントなのでもう一度。体を回すと、力を真下に解放できません。そして、真下に解放できないと体が開くため振り遅れてしまいダウンブローにはなりません。**体が回るのは、あくまでもインパクトした後**なのです。

この点をよく理解して、腕を振ることの意味をもう一度、考えてください。

下半身リードの意識は不要

下半身リードを意識しすぎると、左股関節で体重を受け止められずスエーしやすい

体を回転させる意識も不要

体の回転で打とうとすると肩も腰も開いてしまい、振り遅れを招くことになる

腕はボール方向に振らない

右手首の角度が変わらなくても、ボール方向に右手を下ろすと力を横方向へ使うことになり振り遅れにもつながる（上）。右手を右足の真上に下ろしても、右手首の角度が変わるとダフったり、フェースが閉じてヒッカケたりする（下）

ステップ5【フォロースルー】
後方からグリップエンドが見える位置に出す

体を回さずに腕、クラブ、上半身の重さと力を真下に解放できれば、インパクト後、ヘッドは外に出て行くため、後方からグリップエンドが見えるでしょう。そして、この「後方からグリップエンドが見える」ということが、重さと力を真下に解放できた証拠になります。また、グリップエンドが見えればインパクトでフェースが必ずターンするため、しっかりとボールをつかまえることができ、ドロー系の弾道を打つことが可能になります。

さらに、必ずインパクトで頭が残る「ビハインド・ザ・ボール」のインパクトになるため、クラブヘッドと体の引っ張り合いが生まれて飛距離を伸ばすことにもいい影響を与えます。

後方から見てグリップエンドが体の陰に隠れてしまうのは、体が回転しているか三角形を崩さずに振る意識があるためです。

ゴルフ雑誌の記事で、「フォロースルーはグリップエンドがお腹を指すのが理想」と書かれたものをよく目にします。そして、「グリップエンドがお腹を指したフォロースルーは、腕の振りと体の回転が同調した証拠」とも書いてあります。

次ページの写真は、期待の若手リッキー・ファウラーのフォロースルーです。トッププレーヤーである彼のグリップエンドはどうなっているでしょうか？　言うまでもなく、グリップエンドは後方からハッキリと確認できる位置にあり、決してお腹を指す位置にはありません。

グリップエンドが見えるフォロースルーは、何も世界のトップにいるファウラーに限ったことではありません。ほとんどのプロゴルファーは、このようにグリップエンドが見えるようフォロースルーを出します。

グリップエンドが見えないフォロースルーは、極端なカット軌道でインテンショナルスライスを打つ場合や、アプローチショットでソフトなボールを打つとき、カットロブで高いボールを打つときなど。つまり、応用のショットというわけです。

そして、グリップエンドが見える位置にフォロースルーを出すことは、腕を振らなければ絶対に不可能です。

リッキー・ファウラーのフォロースルー（後方）

®Getty Images

後方からグリップエンドが見えるようなフォロー

ダウンスイングで力を真下に解放すれば、インパクトゾーンでフェースは開閉し、ヘッドは飛球線のやや外に出ていく。その結果、グリップエンドが見えるフォロースルーになる

フェースが閉じたフォロー

ダウンスイングが正しく行われると、自然と理想的なアームローテーションが起き、フェースが閉じたフォロースルーになる

体が回っているとグリップエンドが見えない

体の回転で打とうとしたり左ヒジを退いてしまうと、グリップエンドは体の陰に隠れてしまう。また、アームローテーションが起こらないため、フェースは開いたままになる

ステップ6【フィニッシュ】
左ヒジを退かずグリップを頭の横に収める

グリップエンドが見えるフォロースルーができれば、基本的にクラブは縦に抜けていくため、自然とグリップが頭の横に収まったフィニッシュになります。

頭の横にグリップが収まってても左ヒジが退けている人は、体を回したスイングなのにフィニッシュだけ頭の横に「収めている」のです。つまり、重さと力を真下に解放できていない（＝ダウンブローではない）ということになります。

よく「フィニッシュの形をイメージして一気に振り抜け」といいますが、フィニッシュをイメージしてスイングすると体が回転して開きやすくなるため、わたしはあまりオススメしません。

フィニッシュはしっかり腕を振った結果の形。これくらいのイメージをもったほうが、腕がしっかり振れてダウンブローで打つことが容易になります。

フィニッシュは頭の横にグリップを収める

体を回す意識を捨て腕を振ってスイングすれば、頭の横にグリップが収まる（上）。フィニッシュでの注意点は両腕前腕の間隔を締めたままにすること。広がらなければクラブを縦に振れる（下）

体が回っていると左ヒジが退ける

グリップが頭の後ろに収まるのは、左ヒジが退けているから（上）。両腕前腕の間隔が広がると左ヒジが退けてしまう（下）

ステップ7【ボール位置】
クラブや番手によって変えていく

ステップの最後はボール位置です。

「なんで最後がボール位置なの？」

と思う方もいるでしょうが、実はちゃんとした理由があるのです。

ほとんどの人は、ダウンブローをアイアンの技術だと思っています。しかし、ドライバーやフェアウェイウッドなど、飛距離がほしいクラブにも対応できるのです。

目的が飛ばしとはいえ、これまでのメソッドが大きく変わるわけではありません。ボール位置を番手に合わせて変えていけば、力を真下に解放することが基本となるダウンブローのスイングでも、ドライバーでアッパー軌道にボールをとらえることができます。

次ページから、番手別のボール位置の基本を写真で紹介しています。これを参考にして微調整を繰り返し、自分に合ったベストなボール位置を探してください。

ドライバーのボール位置

左足カカト線上よりボール１個分右が理想

フェアウェイウッドのボール位置

左足カカト線上よりボール2個分右が理想

ユーティリティ〜ショートアイアンのボール位置

ユーティリティからアイアンでは、スタンス中央を基本とするのがベター

グリップからフィニッシュまでの基本ステップを紹介してきました。

各ステップにはそれぞれ細かい注意点があり、それを忠実に守って練習に励むことはもちろん大切です。しかし注意点ばかりに気がいくと、スイングすることが目的でなくステップ通りに動くことが目的になってしまいます。そして、ステップ通りに動こうとすると、緊張感から体が力み、かえって逆効果になりかねません。

ダウンブローを身につけるうえでの最重要ポイントは、**体を回さない**、**腕をしっかり振る**、**重さと力を真下へ解放する**、の3つです。まずはこれをしっかり練習し、ある程度できるようになったら、各ステップの細部を練習に取り入れ、少しずつスキルを上げていくようにしましょう。

また、ゴルフというスポーツは、他のスポーツに比べて頭で考えすぎてしまうことが多々あります。考えるのはよいことですが、それにとらわれてしまうとやはり力みなどが生じてしまいます。他のスポーツと同様に、もっと感覚やフィーリングを大切にしましょう。するとクラブの重さを感じられるようになったり、クラブをさばくというニュアンスを理解できるようになるでしょう。

最後の第4章では、腕を振るイメージを養うドリルや力を真下に解放する感覚を養うドリルなど、ダウンブローを最速でマスターできるいくつものドリルを紹介しています。どれも簡単にできるものなので、ぜひ練習に取り入れてみてください。

第４章

完全マスター！ダウンブローを身体に記憶させる11のドリル

上達への近道はとにかく続けること

この第４章では、合計11個のドリルを紹介していきます。

個々のドリルは、すべてこれまでお話してきた体を回さない、腕をしっかり振る、力を真下に解放する、という３つの最重要ポイントを学ぶためのものです。

このドリルを行うと、アームローテーションやスエー防止のための左のカベ作り、低く長いフォロースルーなど、ゴルフにおいて重要とされる他のポイントも自然と身についてきます。

各ドリルは比較的単調な練習法なので、すぐに飽きて長続きしない人もいるかもしれません。しかし、ダウンブローに限らず、スキルアップや弱点克服など上達するには最適な練習法なので、いろいろ工夫しつつ続けてみてください。

ふだんの練習で仮に２００球打つなら、半分の１００球をドリルにあてましょう。すると必ずよい動きが身につき、スイングが変わってきます。そして、ショット自体もいままでより格段によくなるはずです。

続けるのは大変ですが、そこをグッと我慢して取り組んでみてください。必ずあなたのスイングが、そしてゴルフが変わってきます。

間違ったボディターンの悪いクセはなかなか直すことができませんが、しっかりした目標意識をもってこのドリルに取り組めば、少しずついいスイングへと変わってくるでしょう。

早く効果を出すには、ドリルを行うとき、やや大袈裟なくらいの動きでやってみることです。それによって、染みついた悪いクセを矯正しやすくなります。

ゴルフというスポーツは道具を使う競技のなかでも少々特殊で、使い方さえきちんと覚えれば、非力な女性や年配者が力のある若者を負かすこともできるのです。

そういった意味でも、ぜひこのドリルを取り入れてみてください。

ドリル1　左腕前出しスイング

【効果】
・体の開きを抑えられる
・右腕の振り方を覚えられる
・インパクトゾーンでリリースする感覚とタイミングがつかめる

【やり方】
1　右手でクラブを持ち、左腕を前に伸ばす
2　伸ばした左腕ができるだけ動かないように保ちながら、右手でクラブを振りボールを打つ（素振りだけでもＯＫ）

左腕を前に伸ばしてその腕の向きを変えずに打つことで、体の開きを抑える効果があります。

また、体を回さず腕を振る感覚を覚えるのにも最適です。伸ばした左腕が動いてしまうのは、腕を振る意識より体を回す意識が強い人です。

正しいやり方

伸ばした左腕が左へ動かないようにすることが大切

左腕が左へ動くのは、体が回転しているから

ドリル2　右肩押さえスイング

【効果】

・上半身の開きを抑えられる
・右肩が突っ込むクセを矯正できる
・胸が右を向いた状態でクラブを下ろす感覚がつかめる

【やり方】

1　アドレスしたら右手でクラブを持つ
2　左手で右肩を押さえる
3　右肩が前に出ないように気をつけながらボールを打つ（素振りだけでもＯＫ）

左手で右肩を抑えながら打つことで、体が回って右肩が突っ込むクセを矯正する効果があります。

また、ドリル１と同様に、体を回さずに腕を振る感覚をつかむのにも最適。打つときに右肩が前に出てしまう人は体が回っているからです。

正しいやり方

右肩をしっかり押さえて、腕をしなやかに振ることが大切

右肩が前に出るのは体が回転しているから

ドリル3　正面素振り

【効果】
・バックスイングでは右ヒジが、フォロースルーでは左ヒジがスムーズにたためるようになる
・アームローテションと肩甲骨を動かす感覚をつかめる

【やり方】
1　脚を広げて立ち、体の正面にクラブを寝かして構える
2　胸と腰を正面に向けたまま、腕だけを使って素振りする
3　素振りをするときは積極的にヒジをたたむ

体の正面で打つ（振る）イメージをつかむのに効果があります。

バックスイングでは右ヒジ、フォロースルーでは左ヒジのたたみ方を覚えるのにも最適。

注意点は、胸と腰を正面に向けたまま行うことです。

正しいやり方

胸と腰の向きを正面に向けたまま行うのがポイント

ドリル4　イチロー素振りドリル

【効果】
・上半身と下半身を開かずに打つ感覚がつかめる
・左のカベが身につく
・胸が右を向いているうちにクラブを下ろす感覚が身につく

【やり方】
1　普段通りアドレスする
2　左足をヒールアップしてバックスイング
3　左足を踏み込むと同時に右足を後方に引いてボールを打つ（素振りでもＯＫ）

打つときに右足を後方へ引くことで、体を開かずクラブを下ろすイメージをつかむのに効果があります。

また、右足を引くことで体の右サイドにスペースができるため、いわゆる「ふところのスペース」を広く取るイメージを作るのにも役立つでしょう。

正しいやり方

左足の踏み込みと右足の引きを、リズムよく行うようにする

ドリル5　クッション投げ

【効果】

・クラブと腕を真下に下ろす感覚がつかめる
・真下に力を解放する感覚が養える
・真下に力を使うと左股関節に体重が移ることを体感できる

【やり方】

1　クッションやボールなどを両手で持つ
2　バックスイングしたら右足の前をめがけてボールを思い切り投げる

クッションやボールを右足の前に思い切り投げることで、クラブと腕の力と重さを真下に解放する感覚をつかむことができます。

注意点は、クッションやボールを左足方向へ投げないこと。左足方向に投げてしまうのは、横に力を解放している証拠です。

正しいやり方

クッションを使えば、室内でも簡単にできる

左足方向にボールが着弾するのは、腕を横に振っているから

ドリル6　正拳突き

【効果】

・押し引きのテークバックの感覚がつかめる
・真下に力を解放する感覚が養える
・押し引きすることで自然と体重移動できることを体感する

【やり方】

1　両腕をブラ～ンと垂らして構える
2　左手を地面方向に押しながら、右手を引きつける
3　引きつけた右手を右足の真上めがけて力一杯下ろす

正拳突きをすることで、押し引きでテークバックする感覚がつかめます。

また、真下に力を解放するイメージを養うこともできます。

体を回さなくても、真下に力を解放すれば右股関節から左股関節へ自然と体重が移ることが体感できるでしょう。

正しいやり方

右の拳を下ろすときは力一杯行う

ドリル7　ショートグリップスイング

【効果】
・左手の押し下げと右手の引きつけだけで体が回転することを体感できる
・コックの仕方とアンコック（＝リリース）の仕方を覚えられる

【やり方】
1　シャフトに指がかかるくらい短く持ってアドレスする
2　左手を押し下げてバックスイングしたら、グリップを真下に下ろしてボールを打つ

クラブを極端に短く持つことで、体を回さなくてもスイングできることを体感しましょう。

また、コックとリリースの仕方を覚えられるため、フェースターンも身につきます。注意点は、スイング中に体が起き上がらないようにすることです。

正しいやり方

短くもって小さく構えているため、体が回っているかどうかがすぐに体感できる

ドリル8　シャフト回転スイング

【効果】

・シャフトを回転させることでフェースを開閉させる感覚が養える

・コックの仕方とアンコック（＝リリース）の仕方を覚えられる

【やり方】

1　シャフトの正面側にテープを貼り、テープが見えなくなるようにテークバックしてボールを打つ

2　テープが見えなくなるようにフォロースルーを出す

クラブに目印となるテープを貼ることで、フェースを開閉させながら打つ感覚が養えます。

また、テープが見えなくなるように振ることで、コックとリリースの仕方やアームローテーションのイメージもつかみやすくなるでしょう。

正しいやり方

フェースの開閉とコック＆リリースを同時にマスターできる

テープを貼るため、正しい動きかどうかが誰にでも一目瞭然

ドリル9　1ヤードショット

【効果】
・コックの仕方を覚えられる
・フェースの開閉でボールを打つ感覚が養える
・刃（リーディングエッジ）でボールを拾う感覚がつかめる
【やり方】
1　1ヤード先に目印となるボールなどを置く
2　コックだけでテークバックしてボールを打ち、目印のボールにぶつける

1ヤードという短い距離に目標を置き、そこに打ったボールをぶつけることで、コッキングとフェースの開閉だけでボールが打てることを体感します。

また、開閉することで刃（リーディングエッジ）が上下動し、刃でボールを拾う感覚もつかむことができます。

正しいやり方

目印のボールにぶつからなくてもＯＫだが、ボール周辺に着弾させる

ドリル10　左足体重スイング

【効果】
・すくい上げの軌道を矯正できる
・上からヘッドを入れる感覚を養える

【やり方】
1　右足でボールや台などを踏んでアドレス
2　その姿勢からハーフスイングでボールを打つ

このドリルは右足を高くすることで左足体重となり、上からヘッドを入れるイメージを作るのに役立ちます。

また、左足体重なので左のカベが強固になり、スエーの防止や、ダウンスイング以降で体が左斜め上に回ってしまうクセを矯正する効果もあります。

正しいやり方

適当な台がないときは、右足をつま先立ちにして行ってもＯＫ

ドリル11　5ウッドスイング

【効果】
・すくい上げの軌道を矯正できる
・上からヘッドを入れる感覚を養える
・ハンドファーストでヒットするイメージがつかめる

【やり方】
1　ボールの上3分の1がヘッドから出る程度に低くティアップ
2　ボールの前の芝（＝ターフ）が取れるようにスイングし、「低い球」を打つ

フェアウェイウッドで低くティアップしたボールを打ってターフを取ることで、すくい上げの軌道を矯正する効果があります。

またターフを取るため、低く長いフォローを出すイメージを作るのにも適しています。ハンドファーストで打つイメージも身につくでしょう。

正しいやり方

はじめは確実にターフが取れるよう、多少、打ち込んでいこう

ボールを上げる意識があると、右足に体重が残ってすくい打ちになる

おわりに

ボディターン&レベルブロー。この言葉がゴルフスイングのスタンダードになってから数十年経ったいま、「腕を振る、ダウンブローに打つ」といわれても、最初はピンとこなかったアマチュアの方も多くいることでしょう。

本書を執筆したのは、そうした方にプロゴルファーが実践している真の打ち方、つまり「本当のダウンブロー」「最新のダウンブロー」を伝えなければという、強い思いがあったからです。

繰り返し主張しているとおり、〝体の回転〟はあくまでも結果でしかありません。そこを勘違いすると、いくら努力してもあなたが思い描くショットは手に入らず、スコアの壁を破ることも難しくなってしまうでしょう。

努力の結果がきちんとカタチになってあらわれるのが、本書で紹介しているダウンブローです。ぜひ、参考にしていただき、これからのゴルフライフをより一層価値あるものにしてください。

平成二十三年　森　守洋

人生の活動源として

いま要求される新しい気運は、最も現実的な生々しい時代に吐息する大衆の活力と活動源である。

文明はすべてを合理化し、自主的精神はますます衰退に瀕し、自由は奪われようとしている今日、プレイブックスに課せられた役割と必要は広く新鮮な願いとなろう。

いわゆる知識人にもとめる書物は数多く窺うまでもない。

本刊行は、在来の観念類型を打破し、謂わば現代生活の機能に即する潤滑油として、逞しい生命を吹込もうとするものである。

われわれの現状は、埃りと騒音に紛れ、雑踏に苛まれ、あくせく追われる仕事に、日々の不安は健全な精神生活を妨げる圧迫感となり、まさに現実はストレス症状を呈している。

プレイブックスは、それらすべてのうっ積を吹きとばし、自由闊達な活動力を培養し、勇気と自信を生みだす最も楽しいシリーズたらんことを、われわれは鋭意貫かんとするものである。

―創始者のことば―　小澤和一

著者紹介

森 守洋〈もり もりひろ〉

1977年伊豆下田生まれ。JGTOツアーメンバー。高校時代にゴルフを始め、95年に渡米しサンディエゴにて4年間ゴルフを学ぶ。帰国後、陳清波プロに師事し、ダウンブロー打法を身につける。現在は自らツアーにチャレンジする傍ら、竹末裕美をはじめ、複数のツアープロのコーチを務める。また、都内で『東京ゴルフスタジオ』を主宰し、多くのアマチュアの指導にも当たっている。

http://www.tokyo-gs.com/

ゴルフ
プロのダウンブロー最新《さいしん》理論《りろん》 青春新書 PLAYBOOKS

2011年2月5日 第1刷
2016年2月5日 第4刷

著者 森《もり》 守《もり》洋《ひろ》

発行者 小澤源太郎

責任編集 株式会社プライム涌光

電話 編集部 03(3203)2850

発行所 東京都新宿区若松町12番1号 〒162-0056 株式会社青春出版社

電話 営業部 03(3207)1916 振替番号 00190-7-98602

印刷・中央精版印刷 製本・フォーネット社

ISBN978-4-413-01917-0